Entretiens avec
GILLES CARLE

Michel Coulombe

entretiens avec

Gilles Carle

Le chemin secret du cinéma

de vive voix

Liber

Maquette de la couverture : Yvon Lachance
Photos : Alain Décarie

Éditions Liber
C. P. 1475, succursale B
Montréal, Québec
H3B 3L2
Tél. : (514) 522-3227

Diffusion Dimedia
539, boul. Lebeau
Saint-Laurent, Québec
H4N 1S2
Tél. : (514) 336-3941

Dépôt légal : 1er trimestre 1995
Bibliothèque nationale du Québec

© Liber, 1995

ISBN 2-921569-16-7

À Claude Brulé, en grande amitié.

G. C.

REMERCIEMENTS

J'ai d'abord rencontré Gilles Carle à son insu, dans l'obscurité d'une salle de cinéma, alors que ses films de fiction des années soixante-dix, La vraie nature de Bernadette, Les mâles, La mort d'un bûcheron, *appartenaient déjà au répertoire. Paradoxalement, l'univers du cinéaste m'est aussitôt apparu à la fois très éloigné du mien et très familier, unique et profondément québécois. C'était peu avant la sortie des* Plouffe, *un film consacré à une période de l'histoire qui m'est étrangère. Là encore, contre toute attente, j'ai accueilli ce film et ses personnages, ceux du grand roman de Roger Lemelin, comme si je les connaissais depuis toujours, comme s'ils m'appartenaient en propre.*

Dans les années quatre-vingt, chacun des documentaires de Carle, Jouer sa vie, Ô Picasso, Vive Québec !, Le diable d'Amérique, *m'a surpris et captivé, notamment parce que le cinéaste, d'une jeunesse peu commune, ne s'y laissait jamais emprisonner par ses sujets. L'imprévisible étant devenu une denrée rare, je l'en remercie, comme je le remercie de s'être prêté, avec une telle générosité, au jeu des entretiens. Il y a apporté ce qu'un homme a de plus précieux, sa vérité.*

Je tiens également à remercier Téléfilm Canada qui m'a permis de faire transcrire ces nombreuses heures d'entretiens réalisés en novembre 1993 puis revus et corrigés à l'automne 1994. Ce livre doit par ailleurs beaucoup à André Lavoie qui a transcrit ces entretiens avec patience, précision et intelligence.

M. C.

Première partie

PORTRAIT DU CINÉASTE EN JOUEUR D'ÉCHECS

Michel Coulombe : *Gilles Carle, vous êtes né à Maniwaki en 1929. Vous avez tourné, le plus souvent en français, parfois en anglais, dix-sept longs métrages de fiction pour le cinéma et la télévision, davantage de documentaires, d'innombrables publicités, de courtes fictions et des séries télévisées, tellement qu'on en vient à penser que le cinéma fait partie de votre vie depuis toujours. Quel a été votre premier contact avec le cinéma ? Quel est votre premier souvenir associé au cinéma ?*

Gilles Carle : J'aimerais bien pouvoir vous dire — pour la légende — que mon premier contact avec le cinéma a eu lieu dès ma naissance, mais non : ma naissance à Maniwaki est un détail que j'ai vite oublié. Pas d'orage, pas de tempête du siècle, pas de guerre avec les Martiens. Pourtant, le début des années trente ou plutôt la fin des années folles fut un grand moment pour le cinéma : l'arrivée du parlant. Une grande époque finissait, une autre, aussi grande, commençait. J'en ai peut-être ressenti l'onde de choc et, du coup, éprouvé le besoin de hurler « Ma... ma... », la troisième syllabe du mot cinéma que ma mère aura confondu avec le mot maman ! Peut-être !

Quoi qu'il en soit, le hasard ne m'a pas fait attendre longtemps. J'avais à peine cinq ou six ans quand ma famille a quitté Maniwaki pour Point Comfort, un village près de Gracefield sur le bord du lac des Trente et Un Milles sur la rivière Gatineau. Nous n'étions que cinq enfants à ce moment-là, dont Guy, mon aîné, et Marc, mon cadet. Nous avions pour voisin un acteur de cinéma célèbre à l'époque mais vite tombé dans l'oubli, Stanislas Pascal Tone, dit Franchot Tone. Cet acteur ne mérite pas l'oubli car il a joué des premiers rôles dans des films très célèbres : *Après nous le déluge, Les trois lanciers du Bengale, Les révoltés du Bounty* et *Le tourbillon de la danse,* par exemple. Il avait été marié — c'était son quatrième mariage — à une actrice aussi célèbre que lui, Joan Crawford. Tone a travaillé avec les plus grands réalisateurs de son époque, Howard Hawks, Henry Hathaway, Billy Wilder, Otto Preminger et les autres. C'était un acteur magnifique, remplacé au firmament des stars par Cary Grant. Je me souviens très bien de lui, un homme grand, élégant, toujours en mouvement, qui possédait une grosse Packard rouge vin qui sentait la bonne odeur du cuir et de la gazoline. Et dans le coffre de cette magnifique voiture, quand il nous emmenait, nous les enfants Carle, faire de longues promenades vers Ottawa, il y avait toujours une glacière pleine de crème glacée faite exprès pour nous. Cette glacière féerique, hélas, était la responsabilité de madame Tone, une femme beaucoup plus sévère que son mari. Celui-ci nous parlait souvent de films, de cinéma, des stars qui étaient ses compagnons de travail. Ce qu'il ne savait pas, c'est que ni Marc, ni Guy, ni ma sœur Madeleine, trop jeune, ni moi n'avions jamais vu un seul film et n'avions la moindre idée à quoi ressemblait le cinéma. Le noir complet.

J'ai pourtant retenu les mots film et cinéma, prononcés à l'anglaise...

Par la suite, enfant puis adolescent, vous êtes allé souvent au cinéma ? Quel type de films préfériez-vous ?

Je voyais des films au gré des projections dans le sous-sol de l'église Saint-Michel, à Rouyn, où ma famille s'est installée en 1935. Mon père nous avait précédés en Abitibi un an ou deux plus tôt, pour trouver du travail comme technicien des produits laitiers. À cette époque, nous n'avons cessé de déménager : des itinérants en famille, des romanichels qui voyageaient dans la boîte d'un camion assis sur leurs vieux meubles. Nous avons atteint l'Abitibi en passant par North Bay. Long travelling de mille kilomètres.

Les projections de films à l'église n'ont commencé que quelques années après notre arrivée à Rouyn. C'était un pur émerveillement. Je me souviens de ma première projection, donc du premier film que j'ai vu, *Rin Tin Tin*. C'était, je crois, un film muet des années vingt, en tout cas je me souviens des images et pas du son. Rin Tin Tin sautait d'un arbre, Rin Tin Tin plongeait pour sauver un enfant, Rin Tin Tin allait réveiller son maître pour lui annoncer que la grange était en feu. De beaux exploits que notre chien à nous, un épagneul bâtard, n'arrivait pas à reproduire. Je ne savais pas encore que le premier Rin Tin Tin, un berger allemand héros de guerre, était mort et qu'on l'avait remplacé par une dizaine de chiens semblables. Chacun d'eux connaissait un seul truc. Quand je l'ai appris, des années plus tard, mon désappointement a été grand.

Les projections à l'église se sont faites régulières, une fois par mois, je crois, jusqu'au début de la guerre. Je me rappelle tout particulièrement *King Kong*, qui m'avait intrigué pour deux raisons. Un, comment un animal aussi gros pouvait-il être amoureux d'une femme à peine plus grosse qu'une bouteille de Coke ? Deux, pourquoi cette grosse bête ne bougeait-elle qu'avec des mouvements brusques et saccadés ? On venait d'apprendre à l'école que plus une masse est lourde, plus elle se déplace lentement... Exemple : un éléphant. Mais je me souviens surtout des westerns avec Randolph Scott, d'après des romans de Zane Grey. J'ai toujours retenu ce nom, Zane Grey, parce que Guy et moi, nous nous demandions si Zane était le nom d'une femme ou d'un homme. Sérieusement, est-ce qu'une femme pouvait écrire des westerns ? Par contre, le nom d'Henry Hathaway, qui réalisait ces films, m'est resté longtemps inconnu. Le réalisateur, quel intérêt ?

J'ai vu mon premier vrai film, c'est-à-dire un film en 35 mm, dans une vraie salle de cinéma, le cinéma Alexander à Rouyn, à l'âge de quatorze ans. J'étais avec Guy. Mais comme la loi de Duplessis défendait l'accès au cinéma avant l'âge de seize ans, mon père avait dû nous accompagner et forcer notre entrée. Lorsque la préposée aux tickets lui a demandé quel âge nous avions, il a répondu d'une façon péremptoire : « Ce sont mes enfants et ils sont mariés tous les deux ! » Elle a aussitôt fait glisser le rideau cramoisi donnant accès à la salle et nous a fait entrer en secret. Le film qu'on projetait ce soir-là s'appelait *Ride'em Cowboy*. C'était une comédie — plutôt une farce comique — avec Bud Abbott et Lou Costello.

Nous avons évidemment beaucoup ri, mais le film n'a pas résolu le problème lancinant qui nous torturait : le problème de la pluie. Dans les films 16 mm que nous avions vus dans le soubassement de l'église, il pleuvait toujours et nous nous demandions pourquoi. C'était en réalité des égratignures verticales, égratignures que nous appelions des graffignes, qui faisaient penser à de la pluie. La raison en était simple : lorsqu'une copie nous parvenait enfin au fin fond de l'Abitibi, elle avait déjà été projetée des milliers de fois partout en Amérique, d'où les graffignes, d'où la pluie, d'où notre méprise. Nous pensions que dans un vrai théâtre et sur un grand écran, Hollywood aurait résolu le problème de la pluie. Mais non, il pleuvait encore plus sur Abbott et Costello qu'il n'avait plu sur Rin Tin Tin dans le sous-sol de l'église. Ce n'est que quelques mois plus tard, en voyant une copie neuve de *Pardon My Sarong*, que Guy a pu se pencher vers moi au cinéma et me dire à l'oreille : « Hollywood a enfin résolu le problème. »

C'est par de petites erreurs techniques semblables que j'ai pris conscience du phénomène cinéma. Mais j'ai mis beaucoup de temps à répondre à la question la plus difficile : pourquoi, dans les films de cowboys, les roues des diligences tournent-elles toujours à l'envers ?

Quelle image aviez-vous alors du cinéma ?

Une image à la fois mythique et technique. Mythique, parce que tous les héros que je voyais à l'écran, cowboys, chiens savants, vamps, vampires et surhommes, avaient une existence que je ne comprenais pas. Aucun ne faisait le métier de mon père ou de ma mère. Technique, parce que je revoyais le même film souvent, éprouvant plus de plaisir à cela qu'à voir de nouveaux films. *Ride'em Cowboy* passait sept fois dans une semaine, alors je l'ai vu sept fois. C'est en fouillant les films des yeux que j'ai appris quelques notions de montage. Exemple : l'automobile des deux nigauds rencontrait un train dans un tunnel à sens unique. Soudain, l'écran se faisait noir, on ne voyait plus rien. On entendait un bruit terrible, un bang à tout casser. Et puis le train sortait du tunnel, intact, suivi par l'automobile d'Abbott et Costello complètement rétrécie, aplatie, raccourcie ! Grâce à un effet de lentille, Abbott et Costello avaient subi la même transformation.

Technique aussi à cause des roues des diligences. Une année, le curé Albert Pelletier, de l'église Saint-Michel, est allé faire un long voyage en Chine, voyage qu'il a filmé. On le voyait partout. À pied, à bicyclette et en pousse-pousse. Surprise, le phénomène des roues à l'envers se produisait aussi dans les films du curé. Les roues des pousse-pousse tirés par des Chinois, des petits Chinois comme on disait, tournaient à l'envers comme celles des diligences dans les films de Hollywood. Donc, c'était un phénomène universel ! J'ai voulu en avoir le cœur net, d'autant plus que pour une fois je pouvais m'adresser au cinéaste lui-même, le curé ! Je lui ai demandé à brûle-pourpoint : « C'est vous, monsieur le curé, qui avez filmé vos vues ? » « Oui, mon enfant. » « J'aimerais savoir pourquoi le roues tournent toujours à l'envers dans les films de cowboys et les films chinois. » « C'est un problème technique », me dit-il. Et il m'explique le problème : le cinéma fonctionne à vingt-quatre images seconde et les roues des pousse-pousse à une vitesse différente, de sorte que les rayons des roues ne tournent pas au même rythme que la pellicule, ce qui rend tout synchronisme impossible. Je n'ai absolument rien compris, mais il a lâché un mot étrange qui m'a séduit, stroboscopie.

Quand je suis arrivé à Montréal, j'avais le mot stroboscopie en poche.

Partagiez-vous votre intérêt pour le cinéma avec des amis, votre famille ?

Je partageais mon intérêt pour le cinéma avec toute ma famille. On essayait même de reproduire des costumes de cinéma, des maquillages de cinéma et des scènes de cinéma en groupe, toujours des scènes empruntées à des séries, des séries comme *Spy Smasher* ou *Superman*. On essayait d'ailleurs de voler comme le surhomme, ce qui était presque possible grâce à la neige. On se laissait glisser le long de toits en pente, en appentis ou à pignon, et on aboutissait dans la neige molle, deux étages plus bas. On volait deux ou trois secondes et on s'imaginait qu'on avait volé autant que Superman dans sa dernière aventure...

Le cinéma a eu tôt fait aussi de commander notre intérêt pour la chanson western. Nous aimions entendre chanter Gene Autry, Roy Rogers et les autres. Nous essayions de capter leurs chansons à la radio, en famille, au seul poste de radio country disponible : Chicago. On y arrivait parfois, mais le plus souvent la voix de Roy Rogers se mêlait au chapelet en famille à la radio de Montréal.

Vous est-il arrivé alors d'écrire à des acteurs ou à des réalisateurs ?

J'ai participé à l'écriture d'une lettre collective alors que nous travaillions, mes frères et moi, au lac Decelles sur la rivière des Outaouais. La lettre était destinée à une jeune comédienne dont je n'ai pas retracé la carrière depuis. Elle s'appelait Gloria Jean et jouait dans des films de second ordre, du genre « un jour, je serai vedette à Broadway ». Elle nous avait envoyé sa photo autographiée et, je crois aussi, un petit mot de sa main, quelque chose comme « I love you all ! » Plus tard, à Montréal, j'ai écrit à la 20th Century Fox pour obtenir des scénarios de John Ford. À ma grande surprise, j'ai reçu cinq synopsis par retour du courrier. Pas des scénarios, des synopsis, mais tout de même ! Ç'a été suffisant pour que je me mette à écrire moi-même des adaptations de Zane Grey — un homme !

Comment expliquer qu'un certain nombre de réalisateurs aient, comme vous, grandi en Abitibi, de Paule Baillargeon à André Melançon en passant par Richard Desjardins ?

Est-ce qu'il y en a vraiment un aussi grand nombre ? Peut-être que ça s'explique par le fait que l'Abitibi est un pays froid, isolé, aride... donc un pays très filmable. Et puis surtout ce n'est pas un pays folklorique, c'est-à-dire un pays revu et corrigé par des urbanistes. On y vit à fleur de peau, très vite. On y invente toutes sortes de choses, de nouveaux leviers hydrauliques, de nouvelles méthodes d'ensilage de grains, des fraises plus sucrées qu'ailleurs, de nouvelles manières de lutter contre le froid, etc. L'Abitibi a l'air d'un pays figé comme ça, mais c'est le pays le plus épris de mouvement que je connaisse. En y arrivant, on est tout de suite entraîné dans une sorte de tourbillon de mini-événements et on ne vous laisse pas le choix d'y participer ou non. Il faut chasser, c'est le temps ! Il faut descendre à Val-d'Or voir les p'tites Indiennes. Il faut aller voir le nouveau parc de bisons — j'ai failli en acheter trois ! —, aller au

Festival du cinéma international à Rouyn-Noranda, etc. Tout est à faire. Rien n'est jamais achevé ou définitif.

Et puis il faut songer que l'Abitibi a accueilli dès le début de nombreux groupes étrangers, des Polonais, des Lituaniens, des Lettons, des Russes, des Allemands. Pour travailler dans les mines, c'est vrai, mais cela a créé au Québec une modernité que l'on commence à peine à vivre ailleurs. On est loin du Québec austère et nationaliste dont le journal *Le Devoir* s'est fait le promoteur pendant un demi-siècle.

Il y a aussi autre chose, que je n'ose pas appeler, par les temps qui courent, la pensée autochtone. Ça ne s'explique pas. C'est une manière originale de mêler le rêve et la réalité, de confondre le présent et le futur. L'Abitibi vit toujours toute son histoire à la fois, au présent. Je ne sais pas si Paule Baillargeon et André Melançon voient les choses comme moi. Quant à moi, je crois avoir reçu en partage du pays une sorte d'esprit à la fois scientifique et rêveur. Mais attention, je ne rêve pas à la Walt Disney ! Je ne veux pas réussir à Hollywood, ou faire le film le plus cher au monde, ou aller en vacances au Paradis, non. Je rêve que ma tête est un projecteur capable de projeter toute la réalité, surtout celle des autres. Je suis sans doute solipsiste !

Vous vous considérez comme un Abitibien ?

Oui, mais pas de la manière traditionnelle... Je ne chante pas le pays, comme Vigneault. Je ne glorifie pas ses paysages. Je l'aime, point. Autant l'admettre, jamais l'Abitibi ne sera aussi beau que les montagnes Rocheuses. Ce n'est pas un pays propret de carte postale. C'est un pays d'une beauté d'un type très particulier, que d'ailleurs je préfère.

Et puis, qu'est-ce que la beauté ? Aux lieux touristiques, je préfère les lieux mystérieux, secrets, dramatiques, où tout bouge énormément, les mines, les creux, les grottes, les lacs, les déchets miniers, les arbres qui meurent, la pollution. Au fond, c'est une sorte de dynamisme géologique qui m'attire. Et le spectacle des choses qui meurent. C'est presque religieux chez moi.

Je pense notamment à ce cimetière chinois qui se trouvait près de chez nous. De nombreux Chinois, de ceux qui avaient construit le chemin de fer transcanadien, ont débordé vers le nord à la fin des travaux et ouvert des restaurants en Abitibi. Ces Chinois, probablement taoïstes, croyaient qu'il fallait nourrir les morts. En hiver, ils déposaient à leur intention des fruits sur la neige, des pommes, des cerises, des bananes, des oranges. Aussitôt la cérémonie terminée, nous, les enfants Carle, allions les chercher, d'abord les oranges gelées pour jouer au hockey et les cerises pour jouer aux billes. Les Chinois avaient la certitude que leurs morts les avaient mangés. Ces fruits, et parfois des légumes aussi, figés dans la neige, ça donnait des tableaux extraordinaires. Des images absolument fascinantes.

Plus tard, quelqu'un a écrit une thèse à l'université de York sur l'usage des fruits dans mes films... et des chapeaux !

Ce qui vous a surpris ?

Je n'y avais jamais pensé. Ce que l'on met inconsciemment dans un film est peut-être ce qui s'y trouve de plus important. C'est pour cette raison que j'aime *Le déclin de l'empire américain* de Denys Arcand et pas *Jésus de Montréal*. Ce dernier me paraît fabriqué, l'autre surgir de source.

Vous ne mettez donc pas volontairement des fruits ?

Je ne peux plus ! L'auteur de cette thèse m'a complètement bloqué l'inspiration ! Un cinéaste français, Pierre Kast, a dit que la poésie de mes films consiste à accrocher des bananes dans un pommier, comme dans *La vraie nature de Bernadette*. C'est peut-être vrai. Filmer un pommier, c'est ennuyeux. Filmer une transformation surprenante ou un faux pommier me semble nettement plus intéressant. De cette façon, je lance le spectateur sur une piste. Il est vrai que j'ai presque toujours raté mon coup...

Lorsque vous êtes arrivé à Montréal, en 1944, avez-vous continué à voir régulièrement des films ? Y avez-vous rencontré des gens qui partageaient votre intérêt ?

J'ai vécu dans une famille de parents, rue Chambord, la famille Cousineau, dont tous les membres allaient au cinéma et discutaient des films ensuite. Films américains contre films français, un sujet qui intéressait beaucoup le peuple québécois à cette époque. Une semaine, le cinéma américain l'emportait, puis on voyait un film de Marcel Pagnol et on renversait la vapeur. Personnellement, ce ne sont pas les nouveaux films qui m'impressionnaient, mais les films de répertoire, que je découvrais. À vingt ans, j'ai vu pour la première fois un film de Buster Keaton, *Le mécano de la « General »* de même que quelques films de

Harry Langdon, Chaplin, Harold Lloyd, surtout des comédies.

Vous aimez particulièrement Le mécano de la « General ».

Ah oui ! Ce film correspond pour moi à la prise de conscience du phénomène cinéma, dans un certain sens. Avant je voyais des films, comme tout le monde... Avec *Le mécano de la « General »*, j'ai eu l'impression, pour la première fois, de voir de vraies locomotives, de vrais soldats, de vrais événements. Car Keaton ne déforme pas les choses pour être drôle, comme les autres comiques. Le film est génial sur le plan documentaire. Et en plus, on rit, ce qui, dans un documentaire, me paraissait fabuleux. Ce qui manque à nos comiques aujourd'hui, c'est peut-être une petite guerre de Sécession... un arrière-fond de réalité. Pourquoi toujours pasticher la télévision ?

J'ai été assez sage pour ne pas voir tous les films de Buster Keaton d'affilée. J'ai préféré revoir souvent *Le mécano de la « General »*. Aujourd'hui, il n'en reste qu'un que je n'aie pas vu, *Battling Butler*. Je le verrai dans deux ou trois ans, si Dieu me prête vie !

Au fond, Keaton trouvait une solution aux problèmes techniques que me posait le cinéma et je commençais à comprendre. J'apprenais à voir un film plan par plan. Découvrir le plan, c'est formidable. C'est comme découvrir les ressorts d'une horloge. Je ne suis pas encore capable de définir le choc qu'a été Keaton dans ma vie, sinon en le comparant à celui que j'ai reçu en voyant les peintures de Picasso. J'ai compris Picasso immédiatement, tout comme Buster Keaton. Je n'ai pas fait d'efforts, je n'ai pas réfléchi. Si je les ai étudiés, c'est longtemps après, pour ne pas avoir l'air niaiseux.

Avez-vous songé à écrire à Keaton pour lui témoigner votre admiration ?

Écrire à une jeune actrice, oui. À Keaton non, j'étais trop timide.

Au moment où vous étudiiez aux Beaux-Arts, à partir de 1945, vous perceviez-vous comme un artiste ?

Je ne savais pas ce qu'était un artiste, sinon ce que cela signifiait dans la bouche des autres : « Il va être misérable, il ne fera pas d'argent, il ne pourra pas s'acheter une Chevrolet ou se payer un bateau, il va souffrir, tout le monde va lui tomber dessus. » Cette idée m'inquiétait énormément. Je ne tenais absolument pas à être défini comme un artiste ! J'étais trop jeune pour souffrir.

Vous avez fait les Beaux-Arts et vous ne vouliez pas être défini comme un artiste ?

J'ai mis du temps.

Et aujourd'hui ?

Je suis toujours incapable de me définir comme tel... Je laisse ce soin aux autres. Se définir comme artiste, c'est se reconnaître un statut privilégié. Croire qu'on fait partie d'une société distincte. Je préfère peintre, dessinateur, cinéaste, auteur. Mais il y a un mot que je déteste, vidéaste. Roman Polanski partage cette aversion.

Aux Beaux-Arts, je poursuivais quelque chose que je faisais depuis l'âge de six ou sept ans, le dessin. Je créais des bandes dessinées. Je reproduisais des gravures de chevreuils,

25

des illustrations de calendriers, des cubes. J'avais fait un certain progrès tout seul, sans d'ailleurs m'en apercevoir, et quand je suis arrivé à l'École des beaux-arts, cela a marché tout de suite. Mes professeurs considéraient que j'avais du talent. De tels encouragements, c'est comme une fille qui soudain s'intéresse à vous : ça donne confiance.

Après avoir étudié aux Beaux-Arts, vous avez coréalisé, au début des années cinquante, un premier film avec Roland Trucheon, Police.

J'étais un petit peu le réalisateur et lui beaucoup le cameraman. Il pouvait tourner sans moi. Une coréalisation finalement. Le film ne durait pas dix minutes. Roland Trucheon, qui était un confrère de classe aux Beaux-Arts, est parti un jour avec la seule copie et il a eu un accident de voiture extrêmement grave. Il a été tué sur le coup. Le film a peut-être été détruit dans cet accident. Un jour, quelqu'un m'a téléphoné pour me dire qu'il l'avait retrouvé, mais ne m'a jamais rappelé. Aussi, je ne l'ai jamais revu.

Était-ce la première fois que vous touchiez à une caméra ?

Oui, une Beaulieu. C'était une 16 mm très petite, avec une manivelle pour accélérer la prise de vue ou faire des ralentis. Nous nous sommes d'abord amusés à filmer un peu n'importe quoi, puis nous avons décidé de ne tourner que des images de policiers de Montréal en accéléré. Une folie, mais les policiers étaient gentils dans ce temps-là. On pouvait faire autant de prises que l'on voulait, à l'envers, à l'endroit, n'importe où, n'importe comment.

Vous avez montré le film à des amis, des collègues ?

C'était du délire. À cause de l'accéléré et du nombre de policiers, peut-être une cinquantaine. Nous avions tourné le film avec de la pellicule réversible, et avions fait développer la pellicule chez Edward's Production, à Notre-Dame-de-Grâce, puis coupé les blancs, les flous et tout ce qui n'était pas en uniforme. Tout ce qui comptait, c'étaient les policiers, les uns après les autres, en progression géométrique. Ça faisait son effet !

Le film a-t-il été bien reçu ou l'a-t-on perçu comme une pochade ?

Une pochade.

De votre côté, perceviez-vous ce film comme un simple divertissement ?

Oui. On peut voir des films toute sa vie sans avoir le goût d'en faire. Mais dès qu'on commence à tourner, on y prend goût. On se croit tout de suite meilleur ! On se met même à critiquer les collègues de Hollywood et de Paris !

Vous refaites souvent les films de vos collègues ?

Mentalement ? Oui... mais je refais surtout les miens. Mes erreurs me courent après et souvent j'en rêve la nuit. Je fais les corrections qui s'imposent !

Avez-vous déjà été entièrement satisfait d'un film ?

Jamais. C'est impossible. Cela peut arriver aux échecs lorsqu'on bat un adversaire que l'on sait très fort. Dans les arts, c'est tout autre chose. C'est pour cette raison d'ailleurs que les échecs sont davantage un sport qu'un art. Lorsqu'on gagne, on peut se dire que l'autre est un idiot. Si on perd, on se dit j'ai perdu contre cet idiot, ce qui ne fait pas de moi un homme très brillant. Dans les arts, c'est flou. J'ai toujours essayé de rattraper ce flou par des choses précises. Je rate mon coup chaque fois — pas volontairement — et tant que je vais rater mon coup, je vais faire un autre film.

Après cette première expérience, il faudra plusieurs années avant que vous ne refassiez du cinéma.

Après la mort de Trucheon, le cinéma a cessé de m'intéresser. J'y ai repensé parfois comme à une chose amusante, c'est tout. Mais je voyais les films d'un autre œil. J'adorais les mauvais films, car je pouvais prendre le réalisateur en défaut. J'étais devenu un expert pour repérer les traces de pneus d'automobile dans les westerns !

À cet égard, votre cheminement est très différent, par exemple, de celui de Claude Jutra, qui, dès son jeune âge, possédait une caméra.

Claude a maîtrisé très jeune la technique cinématographique. Pas moi. Je ne me souviens même pas du type de lentille qu'employait Trucheon qui, par ailleurs, était déjà un extraordinaire photographe.

Lorsque vous parlez de la période qui suit vos études aux Beaux-Arts, celle des mille métiers, vous évoquez parfois des pièces de théâtre, des romans que vous auriez écrits.

Un jour, j'ai dit à une journaliste : « Mademoiselle, j'ai écrit trente-six romans mais je ne suis pas romancier. J'ai écrit trois pièces de théâtre, juste assez pour savoir que je ne suis pas dramaturge. J'ai écrit cinq livres de poésie, et trente-six nouvelles, juste assez pour savoir que je ne suis pas écrivain. Alors il me restait quoi ? Le cinéma. » Et elle a pris mon gag à la lettre ! Des années plus tard, j'ai dû engager une attachée de presse pour qu'elle traque ce genre de faussetés dans les textes publicitaires de mes producteurs !

Tout de même, vous écriviez.

Constamment... mais pas trente-six nouvelles.

Et ce roman de quatre cents pages, Les insectes, *que vous auriez écrit en deux mois ?*

J'en ai écrit une centaine de pages, que j'ai transformées en scénario...

Avez-vous délaissé les arts graphiques pour l'écriture ?

Non, j'ai touché à la fois l'un et l'autre.

Très jeune, vous dessiniez et vous écriviez ?

En neuvième année, j'ai rédigé un texte que tout le monde a semblé trouver formidable, ce qui m'a peut-être donné le goût de l'écriture. Je n'ai plus cessé d'écrire. Je me suis remis à l'étude du français, vers l'âge de quinze ou seize ans, mon cours secondaire n'ayant pas été une grande réussite. J'ai commencé à m'intéresser à l'écriture avant de m'intéresser au cinéma. En fait, je ne m'intéressais pas directement au cinéma, plutôt aux choses techniques. J'ai eu un merveilleux professeur, Arthur Gladu, de l'École technique. Des années après ma formation, je suis allé dîner chez lui et je lui ai récité son cours de mémoire. Il était complètement surpris.

Je lui ai demandé quelle sorte d'élève j'étais et il m'a dit que des cinq mille élèves auxquels il avait enseigné j'étais l'un des plus studieux. Et moi qui me croyais le plus turbulent ! J'adorais son cours. Arthur Gladu m'a fait découvrir l'optique. C'est lui qui m'a expliqué la stroboscopie, les phénomènes lumineux, les lentilles. Il m'a enseigné la photographie, m'a fait même comprendre l'imprimerie. C'était un professeur extraordinaire. Plus tard, j'ai voulu suivre des cours plus approfondis, mais c'était trop complexe et je ne voulais pas me remettre aux mathématiques.

Vous songiez alors à être graphiste, peintre, écrivain ?

Peintre. J'ai suivi des cours de Pellan, qui revenait tout juste d'Europe, où la guerre venait d'éclater. Une révélation, Pellan. Avec lui, le vert, ce n'était plus l'espérance, c'était du vert ; le jaune ce n'était plus du doré, c'était du jaune, tout simplement. Nous avions des conversations sur la ligne courbe — toujours en danger de mort ! —, la texture, l'utilisation de la règle à mesurer : des cours absolument extraordinaires.

Un jour, j'ai peint un grand tableau intitulé « La liseuse », un tableau prétentieux, du sous-Pellan. Alors je me suis assis devant et je me suis dit : « Mon Dieu, je manque de talent. » Je cadrais peut-être bien et j'étais préoccupé par la ligne, les couleurs, mais je n'avais pas de talent de peintre. Je ne savais pas appliquer de la peinture sur une toile. J'étais habile, c'est tout. Constatation qui m'a laissé déprimé pendant des mois.

J'ai donné ma toile à mon frère Guy, qui l'aimait. Elle est encore dans son salon. Quand je la revois, je me dis que j'ai été bien sévère envers moi-même.

Vous n'avez pas été tenté, à vos débuts de cinéaste, de faire des films sur des peintres, sur la peinture, comme d'ailleurs on en tournait à l'ONF ?

J'ai fait des films de peintre, *Percé on the Rocks*, *Patinoire*, *Patte mouillée*, pas des films sur des peintres. J'ai tourné *Ô Picasso*, quarante ans après les Beaux-Arts, avec beaucoup de plaisir. J'aime Picasso parce que ce n'est pas un peintre — ni un homme fanatique. Il se promenait sur les quais, à Paris, et discutait avec les peintres du faubourg.

Après les Beaux-Arts, entre Québec et Montréal, vous fréquentez un milieu d'artistes pendant une décennie, mais pas exclusivement. Vous vous partagez entre deux mondes complètement différents. D'un côté les métiers manuels, de l'autre, notamment, l'équipe de l'Hexagone.

À l'époque, c'était normal. Je faisais de la contrebande de cigarettes avec mon cousin Roland Cousineau, j'empilais du bois à Canada Flooring, j'ai fait un peu de dessins pornos, etc. Plus tard, j'ai fait aussi de la critique et du journalisme. Dans le journal *Vrai*, je signais Jean-Marc Rigaud. J'ai pensé à Louvigny de Montigny, à Solange de Repentigny, mais n'ai pas osé signer Jean-Marc de Rigaud ! À un moment donné, j'avais trois ou quatre pseudonymes. J'écrivais dans un supplément du *Devoir*, *Le Foyer*, sous le nom de Gyl et je dessinais une bande dessinée dans le journal *François* — un journal pour les jeunes dirigé par Germain Cadieux — sous le nom de Luc François. Mes bandes dessinées racontaient les aventures d'un personnage qui ressemblait à Tintin.

Il a vécu longtemps ?

Deux ou trois ans. J'écrivais aussi des chroniques de télévision, des critiques littéraires. Sous mon vrai nom d'abord, puis quelqu'un a trouvé que j'en faisais trop, d'où l'idée des pseudonymes. Faut dire aussi que j'étais lié à Radio-Canada par contrat exclusif. Je travaillais au service des arts graphiques.

Et votre activité critique ?

J'ai écrit beaucoup d'articles. Je les ai relus pour la première fois récemment et quelques-uns m'ont semblé intéressants. Mon analyse d'*Un homme et son péché* par exemple ou mon texte sur le « parler saucisse » dans le *Nouveau Journal* — c'était à propos d'une publicité mettant en vedette Paul Dupuis, que j'attaquais. J'avais beaucoup de lecteurs. Ma collaboration au *Devoir* n'a pas duré très longtemps. Six mois, je crois. Je suis donc passé du *Devoir* où j'écrivais surtout sur les livres à *Vrai*, le journal de Jacques Hébert.

Puis enfin de *Vrai* au *Nouveau Journal* de Jean-Louis Gagnon, où je me suis joint à l'équipe de Gérald Godin, Jean Paré et Jean V. Dufresne, comme pigiste. L'atmosphère qui régnait à ce journal était absolument délirante. Du journalisme d'humeur, déjà ! J'ai vu Godin tomber amoureux fou d'une grande photo de Pauline Julien !

Vous avez également collaboré à L'écran, *la revue du cinéma l'Élysée qui a publié trois numéros en 1961.*

Oui, sous l'influence de Patrick Straram, un Français qui s'était donné pour tâche — Dieu seul sait pourquoi — de promouvoir ici les idées de la Nouvelle Vague, même s'il adorait tout le cinéma. Je m'étais lié d'amitié avec lui, comme avec Arthur Lamothe et Louis Portugais. Lui-même s'était pris d'affection pour le docteur Jean-Paul Ostiguy, qui était fou de cinéma lui aussi et qui possédait une grosse automobile, donc qui était riche. Il venait d'acheter un cinéma, à Montréal, au coin des rues Saint-Laurent et Milton, l'Élysée. De quoi rêver !

Sous la poussée de Patrick, nous avons vite formé une petite chapelle dans le but de programmer des séances de films de la Nouvelle Vague à l'Élysée, d'organiser des journées d'études et, évidemment, de fonder une revue, *L'Écran*.

J'aimais beaucoup Patrick, mais c'était un être têtu qui voulait devenir ici une sorte de pape du cinéma, comme André Breton était le pape du surréalisme en France. Ç'a été non, surtout de la part d'Arthur Lamothe, un intellectuel plus articulé que Patrick et que moi. J'étais têtu moi aussi.

Vous l'êtes toujours.

Non, je change. J'ai été infiniment triste de voir Patrick sombrer dans l'alcoolisme. Le groupe, finalement, s'est dispersé.

À travers toutes ces occupations, vous recherchiez une meilleure situation ?

Je n'y ai jamais pensé. Me faire un plan de carrière, jamais ! Aujourd'hui, il m'arrive de m'amuser de cette époque où toutes les idées, les plus farfelues comme les plus réalistes, nous aidaient surtout à amener les filles au lit. Certains soirs, Marx était plus utile qu'un flacon de Vat 69 ! Appelez ça la vie d'artiste si vous voulez.

Vous étiez donc un artiste ?

Oui, pour des raisons très pratiques. N'empêche que c'est à l'Élysée, grâce aux amis, que mes idées sur le cinéma se sont précisées. Sans que je sache pourquoi, j'ai cessé d'être pro-Nouvelle Vague et suis devenu pro-cinéma populaire québécois. Je pensais avoir le talent qu'il fallait pour écrire un ou deux scénarios...

Comment s'est fait votre passage au cinéma ?

Carl Dubuc, un scénariste qui avait une émission à la radio de Radio-Canada, *Chez Miville*, préparait le pilote d'une série comique pour la télévision avec l'acteur Paul Dupuis. C'était au milieu des années cinquante. Il m'a demandé de le tourner. Je me retrouve donc face à Paul Dupuis sur un plateau de tournage extérieur, sur la rive sud. Dupuis, acteur très célèbre à l'époque et homme de droite très malcommode, avait énormément contrefait sa voix. Il appartenait, comme le disait Jacques Dufilho, à cette famille d'acteurs dont on dit qu'ils ont une belle voix, mais qui ont tué le cinéma français à force de mettre l'accent sur la parole. Avec eux, on s'ennuie de Jean Gabin, me disait Dufilho pendant le tournage des *Corps célestes*. Donc, je demande à Paul Dupuis de dire son dialogue d'une manière naturelle. Il serre les dents et me répond : « Je ne fais jamais cela. » Alors, j'ai laissé tombé mes outils, le scénario de Carl Dubuc et je suis parti. Je suis resté quatre ou cinq ans sans toucher à la réalisation. Si j'avais accepté que Paul Dupuis me parle d'une façon insultante, c'était fini pour moi. Comme je n'avais pas d'ambition en tant que réalisateur, je n'ai eu aucun mérite à refuser de continuer. J'ai déjà refusé un gros film d'Hollywood, *The Man*, l'histoire d'un Noir qui devient président des États-Unis, parce que je trouvais l'histoire complètement conne. Le lendemain, je n'y pensais plus.

Ma mère disait toujours : « De l'argent, plus on en a, plus on en manque ! »

Ma seule ambition consiste à vouloir faire quelque chose de vrai, mais je ne sais trop ce que je veux dire par là. Je le sens par rapport à ce que je suis, à ce que j'ai vécu, à ma famille. Il faut que je sois honnête envers ceux que j'aime — même les autres. Lorsque je tourne un film comme *La postière*, je cherche à recréer une petite ville qui aurait fait dire à ma tante Rosie, postière à Point Comfort dans les années trente : « Gilles, tu as bien fait les choses. » J'ai recréé cette petite ville de façon poétique-réaliste, si je peux dire. Quand les gens de la Gatineau l'ont vue, ils ont dit qu'ils retrouvaient pour la première fois au cinéma québécois des images qu'ils ont connues. J'étais content.

Après votre brève expérience avec Paul Dupuis, on vous a fait d'autres offres de réalisation ?

Non. Mais j'avais des idées de scénario. Je les ai travaillées pendant quatorze ans avant que la première ne soit acceptée. On m'a toujours opposé un refus à Radio-Canada, et sans doute avec raison : elles auraient donné de mauvais téléthéâtres. À la fin, on ne me répondait même plus. Le seul réalisateur qui se soit donné la peine d'analyser un scénario de l'illustre inconnu que j'étais, c'est Louis-Georges Carrier. Ses notes m'ont beaucoup éclairé sur la manière de structurer une histoire. Au nombre des idées que j'avais soumises un peu partout, il y a celle de *La vie heureuse de Léopold Z.* J'avais soumis sous une autre forme *Le viol d'une jeune fille douce* à l'ONF. Mais l'idée telle que je la présentais n'était peut-être pas bonne.

La première personne qui m'ait confié un film personnel à réaliser, avec le magnifique budget de huit cents dollars, mille si nécessaire, c'est Rock Demers. En 1963. Il s'agissait du film-annonce du Festival international du film de Montréal, qui s'est tenu de 1960 à 1967. J'ai tourné ce film et je me suis beaucoup amusé. On y voyait entre autres un Indien qui se suicidait avec un tomahawk. Une fille passait sous un train et survivait. Un *sniper*, sur un toit, visait le téton gauche d'une jolie fille mais tuait deux curés. Ce petit film a été bien accueilli. Le thème en était : « Comment mourir au cinéma » et le slogan « Si vous êtes encore vivant le 13 août, ne manquez pas le Festival. »

Et votre arrivée à l'ONF ?

Gilles Marcotte, que j'avais connu alors que je collaborais au *Devoir*, était entré à l'ONF à cause d'une grève au journal. Il se souvenait que j'avais fait quelques études scientifiques. En fait, je n'avais fait que suivre des cours libres à Polytechnique et le cours d'Arthur Gladu à l'École technique. Marcotte cherchait quelqu'un pour scénariser un film sur les sciences pures au Canada. « Les sciences ! Tu connais les sciences ! », m'a-t-il dit. « Oui. Alors tu vas me faire un travail. » Je l'ai fait et sans doute a-t-il été content puisqu'il a suggéré à Fernand Dansereau de m'engager comme scénariste maison.

Les sciences pures au Canada ! Pareille commande semble absurde.

Rien de trop absurde pour l'ONF. Il s'agissait d'ailleurs d'une absurdité merveilleuse. J'ai travaillé à deux films à caractère scientifique, *Le prix de la science*, en 1960, et *Une rivière en danger*, en 1961, un documentaire en langue anglaise de Graham Parker dont j'ai réalisé la version française. Comme j'avais obtenu de Jacques Bobet une certaine liberté, je changeais le film, le remontais, le transformais à mon gré avec la collaboration de Serge Deyglun, pour mettre l'accent sur le caractère politique de la pollution de l'eau. C'était la première fois, je crois, qu'un film parlait de pollution au Canada et montrait des poissons atteints du cancer et la prolifération des rats d'égouts.

À Radio-Canada, on ne voulait rien savoir de ce film. On pensait que nous avions ajouté des rats morts pour faire sensation, ce qui n'a rien de surprenant puisqu'à la fin des années cinquante personne ne connaissait le mot pollution. On ne parlait que de « pollution nocturne », que le pape interdisait... Quand l'écologiste Pierre Dansereau, qui a collaboré au film *Le prix de la science*, a commencé à parler de pollution en 1960, le mot a été intégré à la langue quotidienne.

J'étais bien placé pour parler de pollution, j'avais vécu ma jeunesse à l'ombre des cheminées de la mine Noranda. Nous respirions de l'anhydride sulfureux, des gaz carboniques une journée sur deux.

À cette époque, on vous donne la possibilité d'écrire des scénarios et vous mettez une condition à votre embauche à l'ONF : vous voulez aussi réaliser.

Non par orgueil, mais par humilité. Je croyais que personne ne pourrait comprendre mes scénarios. Je me croyais tellement obscur que je craignais d'essuyer des refus successifs, comme à Radio-Canada. Pour tout dire, je ne savais pas comment écrire un scénario.

En fait, il s'agissait d'une ruse, non ?

Je cherchais un stratagème qui me permettrait d'être le seul à lire mes scripts afin de les améliorer en cours de tournage, à l'insu de tous. Et puis, je me méfiais des « réalisateurs ». L'ONF avait confié *Le prix de la science* à un réalisateur français, Raymond Le Boursier, qui ne connaissait ni les sciences ni le pays. Puis j'avais écrit *Tout l'or du monde*, toujours pour ce même réalisateur. Il tournait en Abitibi et il avait choisi de faire parler tous les enfants à la française. La chose la plus triste que j'aie jamais vue. Quand je pense que quelques années plus tard Pierre Harel a tourné *Bulldozer* à la même place, la mine McWaters, en joual ! Raymond Le Boursier avait transformé le scénario pour en faire de l'ouvriérisme. Une abomination.

Avant même l'invitation de Gilles Marcotte, Louis Portugais, à l'emploi de cet organisme dès 1954, vous avait donné un avant-goût de l'ONF.

Nous avions tous deux été membres fondateurs d'une maison d'édition, l'Hexagone, ce qui avait créé un lien d'amitié entre nous. Louis était ce que les Anglais appellent un *character*. Il était si tatillon, par exemple, sur l'orthographe que Gaston Miron hésitait à l'inviter quand nous nous réunissions pour écrire un rapport quelconque au gouvernement sur la littérature et la poésie. Il disait : « Comment inviter Louis et s'assurer qu'il ne vienne pas ? » En effet, Louis pouvait nous faire passer des heures sur la place d'une virgule ou la nécessité d'employer un point d'exclamation ! Il ne badinait pas avec la langue française, qu'il maniait comme un outil de précision, toujours avec un souci de clarté microscopique. Fallait céder, ou c'était la paralysie.

Il ne riait pas non plus avec la politique. Il se disait socialiste et je crois qu'il l'était vraiment, contrairement à d'autres qui cédaient à la mode des idées de gauche et qui se découvraient maoïstes comme d'autres se découvrent médiums interplanétaires. J'aimais l'entendre parler de Che Guevara.

Côté cinéma, ses réflexions étaient toujours incisives et étonnantes. Elles défiaient souvent le sens commun. Après les projections de deux films de Norman McLaren,

Lignes horizontales et *Lignes verticales* — le même film projeté sous deux angles différents — il émit cette critique : « *Lignes horizontales*, un chef-d'œuvre ! Mais *Lignes verticales*, quel horrible navet ! »

J'ai écrit mon premier scénario avec lui : *Il est midi le soleil brille.* Je ne pensais pas du tout au cinéma à ce moment-là. J'ai terminé le scénario seul, moins obsédé que lui par la clarté de l'écriture, davantage par la clarté de l'histoire. C'était l'histoire d'un assassin qui fuit Montréal et va se réfugier au Lac-Saint-Jean, à Val-Jalbert, un village abandonné où il croit être à l'abri de la justice. Mais des enfants ont envahi la place et créé leur propre loi criminelle, à l'image des adultes. Ils l'attrapent, le jugent, le condamnent à mort et le pendent à midi juste. Pas de pardon ! C'est connu, tous les enfants sont méchants !

Ensuite, il y a eu le film *Manger*, en 1961, que nous avons coréalisé à l'ONF. Encore là, il a commencé le tournage, je l'ai terminé. Nous ne nous entendions pas sur le message du film, qu'il voulait plus dur — dans la ligne des écrivains soviétiques — que moi. Arthur Lamothe a tranché le débat en écrivant un magnifique commentaire. Bon, Louis était très marxiste-léniniste. Ce petit défaut mis à part, il s'agissait d'un homme extraordinaire, très généreux.

Bien avant que j'y travaille, il m'avait fait visiter l'ONF, m'avait parlé d'un concours de scénario dans la boîte. J'ai donc écrit l'ébauche d'un scénario à partir de *Il est midi le soleil brille*, il l'a présenté. Il a été refusé. Mais c'est là qu'est né mon désir d'entrer à l'ONF, comme artiste graphique ! Pour faire des titres de films. Avant de rencontrer Louis Portugais, et même après, je ne songeais pas à devenir réalisateur. En fait, je n'ai jamais rêvé de l'être. Je me suis toujours appliqué à tuer tous mes rêves, à part celui d'avoir une belle petite voiture, une MG, par exemple. Au fond, je suis un peu infirme, incapable de me projeter dans un avenir trop grandiose.

Vous vivez au jour le jour ?

Je vis avec des questions, je cherche des réponses, un peu comme un joueur d'échecs. Il se déplace à travers le monde dans des chambres minables en se demandant si tel mouvement est bon ou si tel autre serait préférable. Il est pauvre mais heureux. Tchekhov a écrit : « On devient vieux quand on ne fait plus rêver personne. » Faire rêver les autres, oui. Rêver soi-même, c'est autre chose. Je pense aussi à cette phrase dans *Les possédés* de Dostoïevski : « Il ne faut perdre sa vie pour aucun but, aucun rêve. »

Vous vous y appliquez.

Non. Je m'applique à dire des choses vraies, même les plus prosaïques. Un chat est un chat. Souvent la critique nous fait dire des choses inexactes. De mon point de vue, *La vie heureuse de Léopold Z* tue le mythe du héros québécois, au lieu de le développer. *Le viol d'une jeune fille douce* correspond à la destruction du rêve de pureté urbaine, de joie urbaine, de paradis urbain. Dans *Les mâles*, deux bonshommes partagent un rêve de paradis dans les bois complètement ridicule. Quant à Bernadette, dans *La vraie nature de Bernadette*, tous ses rêves s'écroulent dès qu'elle met les pieds à la campagne... Il n'y a rien que je déteste plus que le type de film — ou de téléfilm — du style

« lumière au bout du tunnel » ou « Oui, le bonheur existe, il est là devant nous ! » Et pourtant, voilà le genre de niaiserie intellectuelle qu'on m'attribue souvent. Pourquoi ?

Vos films vous paraissent-ils plus pessimistes qu'optimistes ?

Ces adjectifs ne conviennent pas à mes films.

Si vous n'aviez pas de rêve de cinéma, vous avez quand même décidé un jour que vous seriez cinéaste.

Je ne l'ai pas décidé. Des gens m'ont confié des films à faire. Puis, tout s'est enchaîné. Plus tard, beaucoup plus tard, d'autres se sont aperçus que j'avais une « œuvre cinématographique ». Moi, je ne m'en étais jamais aperçu. Cela ne m'était jamais passé par la tête.

C'est une boutade.

Non, vraiment. J'ai été tellement occupé à faire des films les uns après les autres, sans répit, que je n'ai jamais eu le temps de me prendre au sérieux et de dire : « Voilà, j'ai une œuvre cinématographique, je suis cinéaste. » Les autres peuvent le dire, pas moi, puisque ce sont les autres qui vous dirigent vers un métier ou un art. On est formé par les autres. Ils vous imprègnent, consciemment ou non, de l'idée d'être un artiste. L'idée d'être musicien, peintre, écrivain... pas directement d'être cinéaste parce que c'est un métier obscur, peu connu, trop abstrait. Aujourd'hui, d'ailleurs, les gens sont plus près de la télévision que du cinéma.

Dès la petite école, on m'a orienté vers le dessin. C'est comme ça que j'ai pris le chemin de l'École des beaux-arts.

L'apprentissage technique du métier de cinéaste s'est-il fait simplement ?

Quand j'étais dessinateur au service des arts graphiques de Radio-Canada, la direction m'a demandé une animation pour ouvrir une nouvelle émission commanditée par General Motors. Douze secondes en tout, mais je ne connaissais rien à l'animation. Ça m'a passionné. Deux semaines après, je me débrouillais très bien, côté technique. J'ai inventé un truc ou deux. On dit toujours que la technique est difficile. En fait, c'est la réalité qui est difficile. La technique, un enfant de cinq ans peut l'apprendre en trois jours.

Il faut quand même inventer, créer à partir de cette technique !

J'ai gardé, malheureusement, l'habitude de toujours me placer dans des situations difficiles pour peindre ou dessiner, et maintenant pour filmer. Un de mes professeurs de dessin, Jean Simard, qui est aussi un écrivain formidable, me le reprochait. Alors quand j'ai découvert l'animation, j'ai voulu faire tourner des cubes, des blocs, des triangles dans l'espace, une chose terriblement difficile à l'époque. Un triangle se transformait en une automobile. Je ne savais rien des problèmes à résoudre pour y arriver, les gens m'ont aidé. J'ai appris énormément. Aujourd'hui, tout cela serait programmé, des mélangeurs de signaux permettent de faire avec facilité ce sur quoi j'ai peiné des semaines. Cela ne prend qu'une seconde !

Et le graphisme ?

Ma passion pour le graphisme est plus grande que ma passion pour le cinéma. Je suis un grand admirateur de Paul Rand, Savignac, Carl Dair, Warhol et les autres. L'espace graphique domine partout aujourd'hui, même dans la mise en scène. Le graphisme est le contraire de la décoration et s'oppose à une conception trop noble de la beauté, trop restrictive.

Mais vous avez décidé en cours de route de ne pas en vivre.

J'ai essayé. Mais à l'époque l'art graphique était l'enfant pauvre de la publicité. Aujourd'hui, non. Quand je regarde la télévision, je m'intéresse souvent peu à l'histoire, à ce qui se dit, à ce qui se passe. Je regarde l'image comme une peinture qui s'animerait. Je regarde les couleurs, j'essaie de deviner comment les effets optiques se produisent. Je cherche le truc ! Je regarde souvent la télévision sans le moindre son.

Pourquoi ?

Parce que les images sont toujours belles si on les regarde avec un œil de peintre. Les textures électroniques font merveille. À part certaines émissions éclairées à l'ancienne, toutes les images me paraissent fascinantes. Mais ce qu'on dit est presque toujours horrible, abominable. Une morale de fillette quand il s'agit de cinéma, comme celle de Paul Toutant au bulletin de nouvelles.

En fait, je regarde la télévision comme une œuvre abstraite. Je l'écoute peu, surtout au début de la soirée, car le bavardage continuel m'horripile. C'est le triomphe de la pensée bébête. Des gens qui ne savent rien disent tout et le disent en parlant du cœur, « comme d'autres parlent du nez », disait André Gide. Je regarde l'écran et j'ai hâte qu'il devienne plus grand ce qui, étrangement, va tuer la télévision qu'on connaît.

Faites l'expérience de regarder un discours de Fidel Castro sans le son. Vous apprendrez des choses ! Parmi la foule, ceux qui regardent ailleurs, dans la mauvaise direction, sont évidemment des agents de sécurité. Le bord de l'estrade en est rempli, avec les aficionados de service. Sur l'estrade, parmi la foule — il y a foule là aussi ! — quelques Noirs, des Créoles et quelques femmes seulement. Dans un pays supposé favorable à l'égalité des sexes et où soixante pour cent de la population est noire, l'image paraît étrangement blanche et macho. Elle contredit les discours officiels d'une façon exemplaire. À la télévision, ce qui se dit est faux ou n'a pas d'importance. C'est l'image qui dit la vérité.

Qui fait ces observations ? Le cinéaste ou le graphiste ?

L'un et l'autre. Au cinéma aussi quelque chose a changé. La qualité des nouvelles pellicules non polluantes me frappe. On croyait qu'il serait impossible de remplacer le nitrate ou le bromure d'argent, mais on a trouvé mieux : des alliages extraordinaires qui donnent des images d'une qualité nettement supérieure, avec de meilleurs contrastes et une profondeur de champ formidable. À la télévision, les nouvelles pellicules paraissent encore mieux, à rendre jaloux les gens du Op Art. Les films tournés il y a sept ou huit ans paraissent déjà vieux.

Vous êtes à l'affût des nouvelles technologies ?

Je suis jaloux de la télévision parce que les gens peuvent choisir de travailler avec de l'équipement mobile, infiniment léger, facilement maniable et qu'ils peuvent faire le *timing* de la lumière immédiatement. Et puis, à force de tourner, le hasard les favorise. Tout à coup, dans une émission moyenne, paraît une image extraordinaire, d'une beauté à vous couper le souffle. Un visage dans la foule à Montréal ou en Chine, fantastique comme un Rembrandt dans la lumière naturelle. Mais je suis injuste : il s'agit de moins en moins d'un effet du hasard.

Vous pourriez vous passer de la télévision ?

J'opterais alors pour la fenêtre de ma chambre, qui donne sur le Saint-Laurent et la nature. Mais la nature n'existe à peu près plus, comme le rappelle *La vraie nature de Bernadette*. Même au-dessus de l'île Verte, où j'habite une partie de l'année, il passe des avions de l'armée qui se servent de l'île comme cible militaire, pour pratiquer, ce qui fait un tonnerre à vous briser les tympans. La pollution sonore est partout. Nous sommes piégés dans une civilisation polluante, télévision ou pas. Pierre Shaeffer a dit ceci, en recevant son Globe Award à Montréal, et on pensait qu'il s'agissait d'un gag : « Au fond, la télévision c'est kif kif. » Autant de bien que de mal. Autant d'erreurs que de choses justes, peut-être.

Comme d'ailleurs la science.

Oui. J'aime beaucoup cette question de René Dubos, dans une interview de *L'Express* : « Connaît-on mieux le printemps pour avoir vu un arbre en fleurs à la télévision ?» La question fait frémir. Mais s'attaquer à la télévision comme cause de tout le mal moderne est une idée absolument sotte. Elle est là et il faut en profiter si nous en avons besoin, l'oublier si elle nous ennuie. La mer est trop agitée ? on ne sort pas. La télé est trop agitée ? on ne la regarde pas.

Si vous faisiez vos débuts aujourd'hui, iriez-vous vers la télévision ou le cinéma ?

Plutôt le cinéma. La télévision, c'est le règne du gros plan jusqu'à ce jour et le cinéma, celui du plan large. Lorsqu'on abuse du gros plan au cinéma, on s'aperçoit qu'on est en train de faire de la télévision. Alors que la haute définition du cinéma renvoie aux photos du début du siècle, où on pouvait voir tout le monde avec précision. Dans les photos d'Indiens d'Edward Curtis, à l'arrière-plan, on peut compter les roseaux. C'est magnifique. À la télévision, on ne compte rien du tout. Tout va trop vite. D'une certaine manière, la réalité se réfugie encore, malgré la profusion d'images télé, dans le cinéma. Même un soi-disant mauvais film, par exemple *Rambo* deux ou trois, me laisse des images de l'Asie plus concrètes et plus réelles que les images en direct de la télé, de Hongkong, de la Corée ou du Viêtnam. Pourquoi ? On pourrait peut-être parler d'une sorte d'effet horizon : les images fuient devant nous, on ne peut jamais les rattraper, les saisir par la queue. Ou de l'effet sauterelle : on ne voit qu'un nuage, au loin... La télé exige un esprit critique constant.

Tout de même, les bulletins de nouvelles nous collent à la réalité mondiale, alors que des films comme Rambo *nourrissent le rêve, planifié, d'un monde où les Américains dominent toujours.*

Je n'en suis pas si sûr. C'est négliger le chemin secret du cinéma...

Comment s'est fait votre passage à la réalisation ? Naturellement ?

J'ai continué à vivre ma vie. Un de mes oncles m'avait fait travailler dans le camionnage à Montréal au début des années cinquante, de sorte qu'avec *La vie heureuse de Léopold Z* je revivais un moment agréable de ma vie. Je découvrais que j'avais des choses originales en mémoire. De même pour *Les mâles*, je me suis souvenu de l'époque où j'étais *helper-scaler* à Canadian International Paper — je crayonnais un trait bleu sur le bout des pitounes cordées — et de mes excursions dans le bois avec mon frère Guy. D'un naturel poétique, Guy connaissait des tas de poèmes par cœur et trouvait normal de me déclamer du Péguy partout. Moi, j'étais convaincu que Péguy attirait les maringouins. J'ai tourné le film à Saint-Zénon, dans un marécage extraordinaire qui est l'un des plus beaux endroits d'Amérique, avec ses arbres morts qui ont l'air de squelettes de démons, d'animaux préhistoriques. Je le connaissais bien puisque j'allais y faire l'amour.

Le producteur Jacques Bobet a joué un rôle clé dans votre carrière à l'ONF au début des années soixante.

Jacques Bobet avait confiance en tout le monde, en Denys Arcand, en Claude Fournier, en Gilles Groulx, en moi. Sa confiance nous donnait à tous du talent. Nous ne voulions pas lui déplaire en réalisant un mauvais film. Plutôt quitter le cinéma. Il était gentil, mais aussi très critique. Il savait nous diriger, sans en avoir l'air, vers une conception dynamique du cinéma. Il ne m'a pas demandé d'aller tourner *Un air de famille*, il m'a suggéré d'aller filmer des scènes de famille — un mariage, un enterrement, un party —, de trouver des musiciens de village, des danseuses naturelles, etc. Il me lançait ainsi sur une voie plus complète et plus gaie que le triste documentaire québécois misérabiliste à la mode, du genre « Nous sommes pauvres, mon père a perdu sa job, ma mère pleure tout le temps ! » Jacques Bobet est le grand responsable du changement qui s'est produit dans le documentaire au début des années soixante. C'est un homme qui n'est pas fanatique, qui a toujours un préjugé favorable à votre égard. On lui doit beaucoup.

Contrairement à vos collègues de l'époque, même si Dimanche d'Amérique, Manger *et* Un air de famille *s'inscrivent dans ce courant, vous ne paraissez pas très attaché au cinéma direct. Vous vous sentiez très à part ?*

Pour moi, ce qui comptait ce n'était pas la façon de filmer, mais plutôt ce qu'on filmait. Je m'intéressais au Québec, un Québec géographique un peu oublié, un territoire culturel où on ne faisait pas de différence entre les Indiens, les Polonais qui travaillaient dans la mine, les Québécois francophones et les Chinois de mon enfance.

Vous illustrez cette diversité dans La postière.

J'aurais aimé pousser les choses un peu plus loin, reprendre la route de Bernard Devlin dans *Les brûlés* — un film que j'aime beaucoup — en mettant l'accent sur le patriotisme malsain et dérisoire de la colonisation des années trente où l'idée de bâtir un pays sous-entendait une volonté pernicieuse : bâtir un pays canadien-français pure laine, catholique à cent pour cent, mais heureux dans sa misère ! Ses héros ? Le prêtre, la mère de famille, l'agriculteur, le notaire, celui qui veille sur le passé et l'avenir. Bref, le pays souhaité par l'abbé Lionel Groulx. Le pays unique, parfait, résistant à toutes les influences étrangères avec une sorte de curé Labelle à sa tête. Mais moi je n'étais pas du côté de la colonisation « agriculturiste », j'étais du côté des mines, ma famille vivait à Rouyn-Noranda entre deux familles polonaises, près d'une famille juive hassidique et avec, au bout extrême de la rue Perreault, une famille indienne, les Beauvais. Pour cinq sous, le samedi matin, jour du sabbat, j'allais allumer le poêle de la famille juive, argent que ma mère m'obligeait à donner à la quête du dimanche à l'église Saint-Michel. Elle disait que l'argent de Dieu devait retourner à Dieu, qu'il n'était pas fait pour dépenser dans les machines à sous. Mon père s'est montré plus sévère : défense d'accepter de l'argent, point.

Mais je me suis aperçu à temps que je donnais dans le bien-pensant. Le film de Devlin se suffisait à lui-même et n'avait pas besoin d'une suite critique. Le plan des nombreux bébés couchés dans le bas-côté pendant que les parents partouzent dans la cuisine en disait plus — et d'une meilleure façon — que je ne voulais en dire. Et puis mon film *La vie heureuse de Léopold Z*, en 1965, avait déjà dit la même chose, sans appuyer, sur le mode absurde. Alors ?

Au moment de tourner La vie heureuse de Léopold Z, *aviez-vous clairement opté pour la fiction ?*

Oui. J'ai touché à la fiction pour la première fois quand l'ONF a entrepris une série de quatre portraits de femmes, « La femme au travail ». C'est à ce moment, en 1964, que j'ai réalisé *Solange dans nos campagnes*, interprété par Louise Marleau, Patricia Nolin, Hervé Brousseau, Benoît Marleau et Ovila Légaré. Le film raconte l'histoire d'une animatrice de télévision qui va à la campagne pour interviewer une jeune paysanne sur les problèmes de l'agriculture. Elle tombe plutôt sur la jolie nièce d'un *gentleman-farmer* devenu millionnaire « dans les poules ». Elle ne fait pas la différence, pose ses questions quand même et n'obtient que des réponses vaseuses et déplacées, comme il se doit. Peu importe, elle est pressée. Le direct oblige. Elle fait son cinéma.

J'ai eu droit à un blâme officiel parce que, disait-on, j'avais triché avec mon sujet. On m'a dit que mon animatrice ne travaillait jamais. Elle réfléchissait, c'est tout. Et réfléchir ce n'était pas du travail pour l'ONF. Interviewer des gens non plus. J'ai failli être congédié. C'est James Blue, professeur à l'UCLA et réalisateur du film *Les oliviers de la justice,* qui m'a sauvé en disant que *Solange dans nos campagnes* était le meilleur film qu'il ait vu au Canada.

Qui était mécontent ?

La direction. Jacques Bobet quant à lui s'est montré très content. Les personnages des autres films reprisaient, travaillaient dans le secteur du vêtement, rénovaient une maison... bref une « gestuelle de métier » connue. Le mien ne vivait qu'avec sa tête, n'en faisait qu'à sa tête. De plus, j'avais opté pour la comédie alors que tous les autres y avaient mis de l'orgue.

En fait, dans ce film, je faisais plus que me moquer du cinéma direct, je le mettais en scène.

Vos collègues l'ont relevé ?

Oui, mais sans problème. La moquerie était gentille et je ne visais personne en particulier. Je me moquais surtout de moi-même.

La vie heureuse de Léopold Z est né d'une commande ?

Oui. Un documentaire sur le déneigement à Montréal, dans la tradition de l'ONF. Cette commande, grâce à Jacques Bobet, allait me donner la chance de regarder la réalité non seulement du déneigement, mais surtout des déneigeurs. Changement majeur : je pouvais travailler avec des acteurs. Je pouvais même tricher un peu — ça, Jacques Bobet ne me l'a jamais dit clairement, mais me l'a laissé entendre — et allonger un peu le film, voire en faire un long métrage « court ». Je n'étais pas le seul à profiter de cet accord secret, Gilles Groulx, Michel Brault et Pierre Perrault aussi. Mon monteur, Werner Nold, s'amusait à répéter dans les corridors : « De ce temps-là, tout le monde tourne des courts métrages de deux heures ! »

J'ai vite compris qu'un long métrage n'était pas un court métrage plus long, mais un genre complètement différent où tout est permis à condition de rester dans son sujet. Je pouvais utiliser une histoire, de l'humour et même reconstituer les événements à ma guise au lieu d'attendre bêtement au coin d'une rue qu'ils se produisent tout seul. Dans le documentaire, le metteur en scène, c'est Dieu. Dans la fiction, c'est moi! J'aime mieux ça!

Dans *La vie heureuse de Léopold Z*, on croit que j'ai filmé la tempête du siècle, mais non : il n'est tombé que trois pouces de neige pendant une heure. J'ai donc fait de la mise en scène : on épand le sel dans la rue, sur le pavé, on amène des souffleuses, des pneus tournent sur la glace vive, des gens poussent une Volkswagen enlisée, la porte d'une cabine téléphonique ne peut plus s'ouvrir, etc. Tous les gestes réels de tempête sont là, sauf la tempête elle-même. J'ai même fait des surimpressions de gros flocons de neige qui tombent sur la ville. J'ai filmé le dynamisme de la tempête, ce que les Américains n'ont jamais fait. Dans *Citizen Kane* d'Orson Welles, la neige au début est ridicule, on dirait une vitrine chez Eaton dans le temps des fêtes! Je voulais tout simplement faire vivre l'écran avant même que les acteurs n'arrivent, voilà. Créer un milieu dynamique. Il ne faut pas immobiliser les choses pour les regarder.

À la première projection au Loews en 1965, j'ai senti un amour du public pour le film. Un amour réel. À l'heure de la Nouvelle Vague, il était sans doute content de trouver une œuvre qui lui ressemblait, qui lui parlait d'une façon dynamique plutôt que figée, livresque ou bourgeoise, il se retrouvait dans le film. Aujourd'hui, si quelqu'un trouve un seul défaut dans l'opération de déneigement de *La vie heureuse de Léopold Z*, je lui donne un prix. J'ai beaucoup regardé faire les gens. J'aimais cela.

Savez-vous pourquoi mon personnage s'appelle Léopold Z Tremblay ? Parce qu'il y avait à ce moment-là à Montréal à peu près deux cents camions à charrue qui affichaient ce nom-là sur les portières, le nom du propriétaire. Ils étaient tous pareils, je pouvais filmer n'importe lequel au passage. Ce que j'ai fait. Rin Tin Tin, c'est dix chiens ; moi, c'est quinze camions ! Disons pour l'anecdote que le propriétaire s'est donné la peine d'écrire un livre contre moi, intitulé *La vraie vie heureuse de Léopold Z*. Dix ans après la sortie du film. Il pensait que je racontais la vie de sa famille et tenait à dire qu'il ne s'était jamais comporté avec son enfant comme mon Léopold Z. Il a déboursé dix mille dollars pour publier ce livre, presque le budget du film. Si j'avais su, j'aurais choisi un autre nom.

Officiellement, le film a coûté soixante-dix mille dollars. Après La vie heureuse de Léopold Z, *vous avez aussitôt voulu tourner un autre long métrage ?*

Oui, un film appelé *Chouette*. Mais *La vie heureuse de Léopold Z* m'avait laissé un goût amer. Dieu m'en a voulu et la direction de l'ONF n'était pas très contente du film non plus. D'abord on a changé le titre original du film, *Minuit chrétien*, un titre beaucoup plus contestataire. (Aujourd'hui, je préfère *La vie heureuse de Léopold Z*, une question d'habitude.) Mais comment le défendre ?

À la première projection de *La vie heureuse de Léopold Z* à l'ONF, il n'est venu que deux personnes : mon producteur et sa secrétaire, Roselyne Lachance. Pourtant, à cette époque, on se précipitait pour voir n'importe quel film. Je n'ai pas travaillé pendant un an et demi après la sortie du film. En fait, je ne pouvais plus faire de films à l'ONF.

Ne plus y faire de films ou ne plus y faire les films que vous vouliez faire ?

Les films que je voulais faire. Ainsi, j'ai refusé de faire un film sur la gendarmerie royale, non pour des raisons politiques, mais parce que le sujet ne m'intéressait pas. Jacques Bobet me pressait de faire quelque chose, mais je n'arrivais pas à écrire quoi que ce soit qui fasse l'affaire de la maison.

Vous avez dû souvent vous battre contre la censure, ou du moins contre des interventions qui donnaient un sens différent à votre travail, qui le détournaient de la voie que vous aviez en tête ?

Je suis un enfant de la censure. Il y a tellement de films que je n'ai pas pu voir dans ma jeunesse à cause de la loi sur le cinéma de Duplessis ! André Guérin a fait un travail extraordinaire pour combattre cette loi affreuse et nous sommes passés, en peu de temps, d'une censure moyen-âgeuse au Bureau de surveillance qu'il dirigeait, et qui, devenu la Régie du cinéma, fonctionne encore librement.

Commencer à faire du cinéma avec *La vie heureuse de Léopold Z*, c'était une façon de me libérer du duplessisme avec humour, dans la joie. On pense toujours que se libérer de la censure, c'est opter pour la violence et le sexe à l'écran, mais non : ce peut être obtenir le droit de parler de choses banales, prosaïques — du port du voile en Iran, de la mafia dans un film sur les Italiens de Montréal (mon film *Dimanche d'Amérique*), du port du manteau de fourrure dans une société comme la nôtre (dire, par exemple, que les vêtements de fibres artificielles tuent autant de bêtes sauvages à la longue que la trappe et la chasse à cause de la pétrochimie, pour laquelle on a détourné cinq mille cours d'eau au Canada seulement), de l'aspect parfois nocif des pensées de groupes, etc. La censure est devenue parfois bien pensante, rampante, omniprésente : c'est la pire des censures. Car elle se veut *politically correct.* Même des mots d'usage quotidien comme nègre, aveugle, sourd, infirme ou nain sont bannis des médias, dont les animateurs changent pourtant déprédation en dépradation, pécuniaire en pécunier, décennie en décade, etc. Qui oserait dire aujourd'hui que l'ONF et Radio-Canada ne pratiquent aucune censure ?

Il m'a été plus difficile de tourner *La vie heureuse de Léopold Z* tel que je le voulais à l'époque qu'à peu près tout mes autres films par la suite, *L'ange et la femme* inclus. Dans ce dernier film, j'ai dû me battre pour ne pas faire carrément du porno — du porno camouflé évidemment sous le terme érotisme, donc devenu très acceptable. Jacques Bobet m'a beaucoup manqué.

Pourquoi était-ce plus difficile à vos débuts ?

On parle toujours de la censure qui vient des institutions, mais il y a aussi celle du milieu, des copains. Ce sont deux cinéastes devenus momentanément producteurs qui ont coupé — fait couper plutôt — trente-cinq minutes dans mon film *Un air de famille.* Ils ne l'ont pas fait méchamment, ni joyeusement, ils étaient tout simplement convaincus que j'avais fait un film disgracieux, qui attaquait vicieusement le caractère particulier de la famille québécoise. Ce n'était pas le cas. Mais je comprends qu'on l'ait cru : je brisais la loi du silence derrière laquelle on occultait les petites horreurs de la vie privée, un peu comme l'a fait récemment Claude Fournier dans son livre sur René Lévesque. Peut-être qu'aujourd'hui, si je revoyais le matériel tourné, je ne serais plus d'accord de le mettre dans le film. Je ne sais pas. Il était peut-être très mauvais. Ce que j'ai évité, c'est d'en parler aux médias, d'en faire un problème politique alors que c'était pour moi un problème d'ordre moral. Je me sentais un peu honteux d'avoir, en utilisant les méthodes du direct — des méthodes d'espionnage au fond —, violé l'intimité de la vie familiale des gens. Je me suis dit « jamais plus » et j'ai tenu parole. Désormais, je dirais ce que j'ai à dire d'une façon plus honnête... en fiction.

Ce qui me reste d'*Un air de famille*, c'est un style. Un style que j'ai approfondi plus tard dans mes grands documentaires comme *Jouer sa vie*, *Ô Picasso*, *Vive Québec !* et *Le diable d'Amérique*. J'ai donc quitté l'ONF et je me suis joint à l'équipe de production d'Onyx Films, c'est-à-dire Pierre et André Lamy, Roger Moride, Michel Belaieff et les frères Leroux. J'ai tourné mon second long métrage là, les fins de semaine — et à l'insu d'André Lamy —, *Le viol d'une jeune fille douce*, un film refusé par l'ONF sous le nom de *Chouette* ou *Jolie Chouette*. Refusé directement par Ottawa.

Faut-il avoir l'énergie du débutant pour s'accrocher et tourner un long métrage les fins de semaine ?

Pas nécessairement. Quand j'ai fait *L'ange et la femme*, avec les mêmes contraintes, j'avais près de cinquante ans. J'y ai mis plus d'argent que d'énergie, peut-être ! Pourquoi pas ? Je ne considère pas le cinéma comme un métier qui doit nécessairement être rentable pour moi. Ce n'est pas l'argent qui m'amène à décider de faire un film ou non.

Au Québec, à cette époque, peu de réalisateurs de cinéma tournaient aussi des publicités.

C'était très mal vu. Pour moi, la publicité c'était encore du cinéma — un cinéma souvent très intéressant. Je travaillais avec des gens extrêmement compétents : Philippe Fisette, Anne-Marie Piran, Raymonde Lavoie, Pierre Lalande, André Viau... des gens qui auraient pu faire carrière dans le long métrage. Je faisais « Lui, y connaît ça », les réclames Labatt avec Olivier Guimond, un comique de génie. Avant ça, j'avais fait pour Labatt une série de commerciaux « industriels » à travers le Québec, des commerciaux complètement libres, sans scénario, rien. Ces petits films auraient pu être faits par l'ONF, car j'utilisais à fond le direct, le tournage spontané. Guy Borremans et Jean-Claude Labrecque étaient à la caméra, René Bail au son. J'ai même fait des plans moi-même, un matin où Labrecque avait oublié de se lever. Je n'avais ni photomètre, ni assistant, ni expérience mais j'avais une bonne connaissance théorique de la photographie. Je tournais chaque plan à cinq expositions différentes !

Je ne tournais pas des publicités pour gagner de l'argent. Je n'avais qu'une idée : arriver à tourner le film que je n'avais pas pu faire à l'ONF. Tout le monde savait que je travaillais dans ce but. Cinéma et publicité étaient liés dans ma tête, l'un devant aider l'autre. Denis Héroux a fait la même chose avec *Valérie*, tout comme Claude Fournier.

Nous avons tourné les premières publicités vraiment professionnelles au Québec, des publicités qui égalaient très souvent les meilleures aux États-Unis. On était surpris de voir que des Québécois puissent arriver à de tels résultats, ce qui était une sorte d'insulte et de mépris involontaire.

Une année, j'ai été associé à douze des principales campagnes publicitaires au Canada. J'ai aussi tourné à peu près une année entière aux États-Unis. Je devrais être pendu pour les erreurs que j'ai commises ! Bref, en m'associant à Onyx Films, puis à Pierre Lamy, j'ai pu tourner sept longs métrages. Sept longs métrages dans une atmosphère de grande liberté. Mais j'entrais dans le monde du capitalisme le plus vicieux, je me trouvais donc en liberté étroitement surveillée. Des publicités d'abord ! Coca-Cola, Pepsi-Cola, Mark Ten, Labatt, Molson, O'Keefe, Ford, Listerine, Scott Towels... je les faisais tous, question, toujours, de tourner un second long métrage. Situation claire que je préférais aux « mystères » de l'ONF, où la décision finale au sujet d'un film appartenait aux fonctionnaires, non pas aux gestionnaires. Quelqu'un, quelque part, disait oui ou non, mais qui ? On passait plus de temps dans l'attente d'une décision qu'à faire un film. On ne savait jamais à quelle porte frapper.

Personnellement, j'ai quitté l'ONF en 1966, quand je ne pouvais plus profiter d'une certaine anarchie. Quand on a voulu nous enfermer dans des programmes scientifiques, écologiques, géographiques... D'une certaine manière, sous Pierre Juneau, les gestionnaires ont rattrapé de l'autorité : l'administration est devenue trop parfaite, trop rigoureuse et trop présente en quelque sorte. Comment tricher ? Comment choisir ses sujets ? Où grignoter un peu de liberté ? C'est Jacques Bobet qui résumait le mieux la situation : « On a maintenant trois vitesses de travail, lentement, très lentement et arrêté. Là, on est très lentement. L'an prochain, si les choses vont bien, on sera arrêté ! »

Arthur Lamothe et Claude Fournier ont quitté les premiers. Pour ma part, j'attendais des offres de l'industrie privée. Tout de même, j'aimais bien l'ONF. On pouvait y travailler la nuit, les portes étaient toujours ouvertes. Les gardiens, devenus des amis, nous faisaient des faveurs. Ils fermaient les yeux quand, par exemple, l'un de nous entrait de nuit dans le grand studio avec une jolie fille, ou si ça sentait trop le gin et la mari.

À votre arrivée, on trouve peu de réalisateurs chez Onyx.

Il n'y avait en fait qu'André Lamy, qui réalisait *Les insolences d'une caméra*. Il était aussi un producteur d'une efficacité remarquable. Plus tard, il est devenu président de l'ONF puis directeur général de Téléfilm Canada. Mais c'est avec son frère Pierre, plus âgé de quelques années, que je m'entendais le mieux. Il partageait mon ambition de faire du long métrage. Pierre Lamy venait de Radio-Canada, où il avait administré plusieurs productions d'envergure, dont les séries *Radisson* et *Iberville*. Avant Onyx, il avait été associé à Fernand Seguin, chez Niagara Films.

Ce n'était pas dit, à cette époque-là, que la production d'un long métrage dramatique serait possible dans l'industrie privée. Les tentatives de Pierre Patry avec Coopératio, quoique dynamiques au possible et très inventives, avaient tourné court sur le plan financier après *Trouble-fête* et *Délivrez-nous du mal*. *À tout prendre*, de Claude Jutra, avait été fait de peine et de misère, quelques jours de tournage à la fois, selon les arrivages gratuits de pellicule. La collaboration de l'ONF n'était pas possible. De son côté, Onyx Films était une compagnie mal équipée : caméras lourdes et désuètes — des Auricons —, une salle de mixage grande comme un timbre-poste, de vieux micros non directionnels (dont un installé en permanence sur le toit pour capter au besoin l'ambiance du boulevard Dorchester, la rue la plus animée de Montréal, où nous étions installés), un studio qui était une ancienne chambre à coucher, etc. Mais peu importe, la production de longs métrages était dans l'air depuis les films de Jutra, de Groulx (*Le chat dans le sac*), de Perrault et Brault (*Pour la suite du monde*) et le mien. Jean Dansereau venait, avec Groulx et Arcand, de fonder Les Cinéastes associés, une maison de production basée sur le modèle coopératif. Preuve que nous avions la foi !

Pierre Lamy s'est avéré un producteur rigoureux, mais sans préjugés et plusieurs autres réalisateurs sont venus faire des films à Onyx : Jean-Claude Labrecque, Claude Jutra, Jacques Gagné, Denys Arcand, André Forcier, André Brassard... Il y avait, comme on dit, un climat, une ambiance. Tout semblait possible. Et puis, la SDICC, la Société de développement de l'industrie cinématographique canadienne, est venue à temps avec ses subventions. Le long métrage est vite devenu la norme... rêvée, si on peut dire. Personne ne venait à Onyx sans repartir un peu plus encouragé qu'avant.

Le climat d'Onyx me stimulait beaucoup. Faut dire aussi que j'avais reçu un encouragement majeur de Roberto Rossellini, venu à Montréal en 1965 comme président du jury du Festival international du film de Montréal. Après avoir vu *La vie heureuse de Léopold Z*, il m'a pris par le cou et il m'a dit : « Je n'ai rien compris à la langue de votre film, mais j'ai aimé ce que j'ai vu à l'écran. » Je lui ai expliqué — comme plus tard à Jean Renoir — le problème de la langue québécoise au cinéma, comment elle pouvait nous fermer les frontières, mais que j'avais choisi de prendre le risque, parce que je voulais rapatrier la réalité québécoise à l'écran. Que c'en était même chauvin de ma part. Il m'a dit : « Pourquoi pas ? Nous avons eu aussi un problème de langue en Italie. » Il m'a parlé des dialectes italiens, m'apprenant que dans le sud du pays des Italiens parlaient un idiome grec, que d'autres en Sardaigne parlaient un dialecte catalan !

Qu'est-ce qui vous semble chauvin dans La vie heureuse de Léopold Z *?*

La langue est trop appuyée, comme celle des téléromans d'aujourd'hui. Mais heureusement, il n'y a pas de jurons. Pour employer des « tabarnacs », des « câlisses », il faut que le style du film les appelle naturellement comme chez Falardeau ou Tremblay où les jurons ont une densité dramatique importante. Je regrette encore d'avoir plié dans *La postière* et d'avoir mis un « tabarnac » dans la bouche d'un Noir, pour l'effet seulement. Ce petit détail déplacé, je le porterai jusqu'à la fin de ma vie. J'aurais dû l'enlever, le couper au montage. Une erreur de style, c'est pire qu'une faute morale : on ne peut pas réparer au confessionnal !

Ce n'est quand même pas le seul sacre qu'il y ait dans vos films !

Les autres étaient authentiques et nécessaires, comme dans *La mort d'un bûcheron*. Je m'impose des règles de conduite sévères pour éviter ce genre d'erreur dans mon travail. C'est vrai aussi pour les images. Sur le tournage de *Percé on the Rocks*, j'ai eu un sérieux problème avec mon directeur de la photographie parce que je voulais que les touristes, des Américains, ne soient filmés qu'en silhouette. Autrement, les gens auraient peut-être ri de leur accoutrement et de leur tourisme à connotation panthéiste. Rire des touristes américains était à la mode, et ça, je ne le voulais pas. Je n'utiliserai jamais des étrangers pour faire rire. J'en serais incapable.

Je ne veux pas présenter ce qui ne correspond pas à la normalité comme des problèmes. Il y a plusieurs personnages homosexuels dans mes films, mais on ne les remarque pas particulièrement. Le magicien homosexuel de *La tête de Normande Ste-Onge*, par exemple, est l'un des plus beaux personnages du film. Je pense aussi au *cook* dans *Maria Chapdelaine*. Je serais incapable de tourner un film où l'homosexualité serait posée comme un problème infernal, genre *Boys in the Band* ou *Hosanna*. À ce sujet, une petite étude m'a fait beaucoup plaisir, « The Sins of Gilles Carle ». On y disait que je suis « le premier cinéaste canadien, peut-être le seul, à ne pas poser l'anormalité comme un problème ». Je n'aborde pas les personnages par leur homosexualité, ou leur nationalisme, ou leur religiosité. En fait, je me donne beaucoup de contraintes. Pour moi, l'anormalité n'existe pas, puisqu'elle existe. Un beau paradoxe, hein ?

Lorsque votre production de longs métrages a pris de l'ampleur, vous trouviez normal de toujours faire de la publicité ?

Je n'avais pas le choix. La publicité a ses tricheries, mais aussi ses conventions. Plus on en tourne, plus c'est facile. Il y a une façon de tenir un produit — un paquet de cigarettes par exemple — pour le présenter à l'écran. Il ne doit pas être droit. Le présentateur doit faire un petit mouvement de balancier pour que cela soit élégant. Les plus grands metteurs en scène de films publicitaires aux USA ont fait leur carrière en apprenant ce genre de truc. J'ai vu récemment le film d'un réalisateur qui a tourné beaucoup de publicités : son long métrage contenait une orgie de trucs primaires comme celui-là, de mouvements de caméra inutiles, de sentiments extravagants et de colorations trop propres. Que veut le commanditaire ? Que tout soit propre, que l'on débarrasse l'écran de toutes les petites imperfections de la vie, que la pomme soit parfaitement rouge, que le Seven-Up ait le nombre exact de petites bulles prévu et que la fourchette soit étincelante avec une petite étoile à la bonne place. La publicité est un univers débarrassé de tout ce qui fait la vie, des petites choses quotidiennes embêtantes, des petites maladresses, des erreurs, des taches.

Conditionné par cette approche, j'ai eu quelques difficultés à tourner *Le viol d'une jeune fille douce*. Je voyais à ce que le vêtement de la comédienne soit bien placé, à ce que sa coiffure n'aille pas n'importe comment dans le vent. Heureusement, j'ai vite pris conscience de cette déformation professionnelle, alors j'ai fait le contraire : des plans longs — trop longs — où les comédiens se débrouillaient

64

avec les détails. Je dois l'avouer, quand j'ai cessé de réaliser des publicités j'ai senti, même si c'était très gratifiant, un grand soulagement. Pour y arriver, j'ai pris un détour amusant : j'ai mis un vice-président de l'agence J. Walter Thompson de New York à la porte du studio pendant le tournage d'une publicité de Miss Clairol, ce qui a eu l'effet d'une bombe dans le milieu. Fini la pub !

Vous avez tourné vos premières publicités dès votre arrivée chez Onyx ?

Dès le début, et même un peu avant, en à-côté, pour Pierre Lamy. J'ai commencé avec la série Labatt industriel avant de faire partie de la maison. Le président de cette brasserie m'avait dit : « Je veux du documentaire dramatique sur toutes les régions du Québec. » Il ne voulait pas de scénario, mais beaucoup de drame, comme dans un long métrage. Ce que j'ai fait. René Bail était d'accord, Guy Borremans aussi. La série a obtenu un immense succès. Pourquoi ? Probablement à cause des nouvelles méthodes de tournage qui nous venaient de l'ONF ! Avant, on ne pouvait pas s'imaginer qu'on aille si près des choses, si loin et si haut, à la pointe des cheminées de la mine Noranda et dans les tunnels de la Manicouagan, etc. Nous rentrions dans les tunnels, avec ou sans permission, nous allions au bout et nous tournions. J'ai tourné un ouvrier soudeur fumant la pipe en travaillant, dans une immense gerbe d'étincelles au bout d'un tuyau gros comme le tunnel Hyppolite-Lafontaine. Aujourd'hui, une image pareille serait censurée : tabac donc cancer !

Un jour, alors que je tournais une publicité pour Pepsi-Cola, j'ai demandé à une figurante d'enlever son soutien-gorge — elle était tellement jolie. On sentait un peu ses mamelons sous son chemisier. Eh bien, j'ai presque été chassé du tournage. Le plan a évidemment été coupé. À cette époque-là, Pepsi-Cola n'aimait pas les seins, surtout les mamelons des femmes. J'eus beau expliquer qu'un sein sans mamelon c'est comme un Pepsi sans bouchon... rien n'y fit ! J'avais une telle indépendance...

La même chose avec Lux. J'avais tourné un petit film frisant le porno, mais d'une beauté incontestable. Les seins de la comédienne se miraient dans l'eau calme du lac Magog au soleil levant. La barre de savon glissait le long de ses cuisses comme un sous-marin fantôme et frôlait l'Atlantide ! Le film n'a jamais été diffusé lui non plus, mais pendant un an il a circulé secrètement dans toutes les agences de publicité ! Il m'a fait une réputation ! Et à la comédienne, alors !

C'est à Labatt que vous avez été associé le plus longtemps ?

J'ai fait la série des « Lui, y connaît ça » pendant sept ans. C'est Jean-Paul Bernier, un photographe, qui avait réalisé la première de cette série mettant en vedette Olivier Guimond. Il avait utilisé la vidéo, qui n'était pas encore au point pour ce genre de travail. Je suis passé au film. Aujourd'hui, le succès de ces réclames tournées avec Olivier Guimond est presque légendaire. Ce succès dépend d'Olivier Guimond, qui aimait improviser, et, dans une large mesure, de Jacques Bouchard, le concepteur. Aussi de Philippe Fisette, le chargé d'affaires, ancien réalisateur à Radio-Canada, qui avait, lui aussi, choisi de travailler dans le secteur privé. Philippe est au départ, au Québec, d'une conception moderne du film publicitaire.

Vous avez tourné des publicités jusqu'à la fin des années soixante-dix ?

Un peu plus tard en fait, mais je traînais de la patte. Il m'est arrivé de réaliser cent dix pubs et un long métrage en une année, plus un ou deux documentaires. Après les succès de *La vraie nature de Bernadette* et de *La mort d'un bûcheron*, je n'avais plus de raisons de tourner de publicités. J'étais plus libre de consacrer mon temps au long métrage. D'autant plus que l'arrivée de la SDICC a changé le portrait de la production du film québécois.

La publicité, après avoir été une école de liberté, est devenue une école de conformisme : les trucs ont gagné. Et aujourd'hui, elle est conçue par des gens de marketing, ce qui lui donne un tout autre esprit.

Et si on vous offrait une publicité aujourd'hui ?

Je refuserais, à moins que ce ne soit une publicité pour une cause à laquelle je crois.

Y a-t-il des produits auxquels vous avez refusé de vous associer ?

Non, mais assez curieusement, en publicité on devient tout de suite spécialisé. Dès qu'un réalisateur travaille pour les grandes compagnies internationales, on ne lui propose plus une publicité pour la Manufacture de l'habit. Après avoir fait la campagne de Pepsi-Cola, j'ai eu des offres de Coca-Cola et de Seven-Up, de tous les liquides en fait. Je suis devenu spécialisé dans les liquides ! L'argent liquide aussi, car aux États-Unis on me payait souvent *cash*. Je ne résiste pas à mille dollars *cash*. Le *cash* soulève en moi un vieil instinct de jouissance, je deviens soudain épicurien. Par contre, il m'est arrivé de jeter à la poubelle un chèque de dix mille dollars, par distraction.

Vous avez travaillé une année aux États-Unis. Pour des agences américaines ?

Pour J. Walter Thompson à New York. Mais, comme nous étions bien vus dans le nord de l'Amérique grâce à nos publicités ici et qu'Anne-Marie Piran et Philippe Fisette étaient responsables de publicités new-yorkaises, parfois on jumelait une publicité américaine et une publicité québécoise. Cette source supplémentaire d'argent me donnait un peu plus de liberté pour tourner mes longs métrages.

J'ai aussi été associé à la publicité de Radio-Canada pendant quelques années, une campagne qui avait comme slogan : « Regardez bien, regardez Radio-Canada. » J'en avais signé le concept. Ce serait une chose impensable aujourd'hui de confier à un seul réalisateur à la fois le slogan, le scénario et la réalisation d'une campagne. Mais j'avais connu de tels succès avec la collaboration de gens comme le compositeur Stéphane Venne, les directeurs de la photographie François Protat et René Verzier, et le décorateur Jocelyn Joly, qu'on me faisait confiance.

Peut-on établir des liens entre les acteurs que vous avez utilisés au cinéma et ceux avec lesquels vous avez fait des publicités ?

Non. Il y a vite eu au Québec une armée de comédiens spécialisés dans la publicité. C'est terrible, parce que la publicité exige qu'on exagère l'expression, le débit et le volume de la voix. Alors tout le monde hurle ! Quand nous tournions des publicités d'une minute, c'était plus calme. Aujourd'hui, elles ne font guère plus que trente secondes, voire dix ou quinze secondes. Le rythme que la publicité impose influence à son tour les *sitcoms* qui hurlent tous à présent. Tout le monde force la voix et grossit ses gestes. On dirait que la chose à craindre par-dessus tout, c'est le silence. Bonne question : les réclames Pepsi de Claude Meunier influencent-elles *La petite vie* du même Claude Meunier, ou l'inverse ?

Le théâtre, et même le cabaret, sont de bien meilleures écoles que la publicité pour le comédien qui veut faire du cinéma. Question de créer des personnages avec une âme, un destin, un drame. Aujourd'hui toutefois, les acteurs ne refusent plus de toucher à la publicité, alors qu'avant un réalisateur qui cherchait des acteurs pour une publicité essuyait plusieurs refus.

Tout de même, certains acteurs refusent toujours.

Ils sont de moins en moins nombreux, et toujours les mêmes. Les agences de publicité sentent d'ailleurs qui aime la publicité et qui ne l'aime pas. Un acteur ne peut pas tricher. Un jour, Gabriel Arcand est venu me voir parce qu'il avait un ami très malade à New York et sans le sou pour se faire soigner. Il voulait tourner une publicité pour lui venir en aide. Sa démarche me rappelait la façon dont j'avais fait *Le viol d'une jeune fille douce* et j'étais content qu'il me demande ce service. J'ai suggéré son nom partout, toujours pour des emplois qui lui auraient convenu, et n'ai obtenu que des réponses négatives. Tous reconnaissaient pourtant qu'il était l'acteur le plus important de sa génération au Québec. Mais alors ? C'est que les publicitaires n'aiment pas les acteurs qui préfèrent le théâtre le plus pauvre à la publicité la plus riche. Comme les cinéastes préfèrent les comédiens qui privilégient le cinéma plutôt que la télévision.

Je me souviens de tournages de quatre ou cinq jours pour une publicité de trente secondes avec un budget de deux cent cinquante mille dollars qui, aujourd'hui, atteindrait le million. Difficile à refuser pour un acteur, même un acteur qui n'aime pas le mensonge. Le mensonge, ce n'est pas telle ou telle pub — les publicitaires sont eux aussi sous surveillance étroite —, c'est l'ensemble de la publicité, dans les journaux comme à la télévision. Le mensonge, c'est le rêve capitaliste tout entier. Rêver est dangereux.

Vous avez été un marchand de rêves pendant nombre d'années.

Oui, hélas !

Y avez-vous appris des choses ?

Moins comme cinéaste qu'au contact des gens de publicité, surtout les *copy writers*, pleins de talent. Ils savent construire une petite histoire, écrire des scénarios précis, des dialogues percutants, ils trouvent des chutes formidables. Mais leur talent se perd dans l'éphémère. Ils rêvent alors de vrai cinéma, j'en rêvais moi aussi, mais il est aussi difficile de quitter la publicité pour se consacrer au long métrage que de quitter l'illustration de magazines pour la peinture.

Il s'agit de mondes clos. Les perceptions des choses sont complètement différentes, voire opposées.

Chez Onyx, l'activité était intense ?

Au bout de quelques années, nous nous sommes associés aux frères Héroux, Denis et Claude, et aux frères Fournier, Guy et Claude. Nous avons formé un conglomérat qui réunissait nos trois compagnies. Chacune était spécialisée, l'une dans les séries, l'autre dans les publicités, la troisième dans les longs métrages. Guy et Claude réalisaient les publicités d'Hydro-Québec. Claude Fournier avait aussi tourné un documentaire sur Émile Nelligan, *Le dossier Nelligan*, qui avait entraîné un scandale épouvantable parce qu'il questionnait le mythe Nelligan, pur poète et poète pur. Il y eut même une pétition contre le film, pétition que plusieurs personnalités de notre petit monde des arts ont signé à l'aveuglette, pour suivre le mouvement, sans se poser de questions. La honte ! La vérité cause toujours un choc dans notre petit monde qui ne veut pas l'entendre. Par contre, on peut inventer tous les faux scandales qu'on veut. D'ailleurs, seul le faux scandale est permis : le toit du stade olympique, les danseuses nues, la contrebande de cigarettes... la liste est longue ! Les films ayant pu faire scandale à l'époque n'auraient dit qu'une vérité toute simple mais qui choquait à peu près tout le monde : les sœurs grises faisaient des affaires en étiquetant débiles des orphelins, sous Maurice Duplessis des politiciens s'enrichissaient avec l'aide des curés, Jos D. Bégin, par exemple. Mais c'était la loi du silence.

Les pires cas sont d'ailleurs ceux des films qui ne se sont pas faits. Le cas d'un film intitulé *L'affaire Marie-*

Andrée Leclerc, soumis à Téléfilm par le réalisateur Carl Brubacher, est particulièrement choquant, bien plus choquant que celui d'*Octobre* de Pierre Falardeau. Souvent, les films à sujet politique *hard*, dans notre drôle de société, sont plus faciles à produire qu'un film sur l'irradiation des aliments ou la vente de stocks de vaccins dangereux à l'Afrique. La preuve, c'est qu'ils finissent tous par se faire, y compris *24 heures ou plus* de Gilles Groulx ou *The October Crisis* de Robin Spry, qui a même reçu un Canadian Film Award, ce qui est le comble de l'ironie.

L'*affaire Marie-Andrée Leclerc* ne s'est pas fait, même si la recherche et le scénario étaient irréprochables. Pourquoi ? Parce que son sujet prend tout notre monde en défaut, sauf les policiers pour une fois : journalistes, chroniqueurs judiciaires, animateurs de télévision, speakers radiophoniques, personnalités connues du milieu intellectuel, etc. Tous tombent à pieds joints dans une xénophobie primaire et peut-être spécifiquement québécoise : les accusations de meurtre — une bonne douzaine — sont faites à l'étranger, dans des pays sales et douteux comme l'Inde et la Thaïlande, donc Marie-Andrée Leclerc, la petite Québécoise souffreteuse et charmante, a été abusée. Seul Charles Sobhraj, l'affreux Métis mi-blanc mi-jaune, est coupable...

Libérée de prison le 23 juillet 1983, pour venir au Canada y soigner un cancer de l'utérus, Marie-Andrée Leclerc arrive à Dorval le 25 juillet où elle est accueillie par une foule délirante, survoltée par les médias qui, de meurtrière au début, en ont fait une victime innocente, voire une héroïne du calibre de Madeleine de Verchères. Et pourtant ! Les dossiers d'Interpol ne laissent aucun doute sur la culpabilité de la jeune femme, ni ceux de la GRC et de toutes les polices qui enquêtaient sur l'affaire. Des victimes ont survécu et ont parlé : Claude et Gaétane Bédard, des Québécois de Québec, entre autres.

Revenons au Viol d'une jeune fille douce *que vous prépariez déjà à l'ONF.*

Le film était alors destiné à Louise Marleau. J'aimais l'idée de cette jeune fille qui affirme qu'il ne lui arrive jamais rien. Que sa vie est plate à mort, tout le temps. Mais à qui tout arrive sans qu'elle le réalise. Parce qu'il y a, comme ça, des personnes qui pensent que la vie des autres est toujours plus intéressante que la leur. C'est presque un syndrome à nous, d'ailleurs. Nous avons toujours eu une telle incertitude sur notre culture, surtout du côté des femmes, je crois. Lorsque je pensais à Louise Marleau, le personnage faisait partie d'une famille plus riche que celle qu'on voit dans le film. Elle mourait égorgée et on pouvait lire dans son journal : « Moi, il ne m'arrive jamais rien », comme le rapporte Julien Green dans son propre journal. Cette jeune femme rêvait sa vie à l'envers, en négatif. Elle ne savait pas ce qu'elle avait. Elle se croyait même dépossédée de sa sexualité, malgré ses nombreux amants. Si elle rêvait, c'était sans doute d'une sexualité énorme, mondiale, fantastique qui écraserait ses pauvres amoureux comme des coquerelles lubriques. Elle disait oui à tout le monde, mais ne savait pas si elle était de gauche ou de droite, lesbienne ou pas. Elle ne se posait même pas la question. Si elle couchait autant, c'est parce qu'en 1967 dire non n'était pas très élégant. Cette idée est restée dans le personnage de Julie, joué par Andrée Lachapelle.

Vous avez soumis le scénario à Louise Marleau ?

Jamais, même si nous avions tourné *Solange dans nos campagnes* ensemble. Tout le monde lui offrait de jouer dans des trucs à la télévision, et elle y était à l'aise, je crois. Mais c'est une comédienne comme je les aime, qui ne dit presque rien et qui dit tout. Je lui ai parlé de *La tour*, une autre idée un peu similaire qui ne s'est jamais concrétisée. De toute façon, *Le viol d'une jeune fille douce* était un film à participation, c'est-à-dire que tous les acteurs devaient accepter un salaire différé, en fait très incertain, aussi l'Union des artistes a contraint ses membres à se retirer sous peine d'expulsion. J'ai été alors obligé de recourir à des amateurs : Daniel et Donald Pilon, Andrée Lachapelle, Katerine Mousseau... J'ai même été obligé de recommencer cinq jours de tournage avec Claude Dubois, tournage dont j'étais très satisfait. L'Union a rendu un grand service au monde de la chanson !

Votre association avec Pierre Lamy est à peu près unique dans l'histoire du cinéma au Québec, un producteur et un réalisateur qui font sept films en si peu d'années, sans former un couple...

Après Onyx Films, à qui j'ai été associé de 1966 à 1971, nous avons créé les Productions Carle-Lamy, entourés de Jacques Chenail, Jacques Gagné, Louise Ranger et René Verzier. Le type de cinéma que nous faisions exigeait l'association d'un producteur et d'un réalisateur. C'est Pierre qui allait à la banque, qui faisait les dîners d'affaires, qui prenait un verre à quatre heures avec le *jet-set* des administrateurs et des clients, qui engageait de jolies secrétaires...

Moi qui travaillais ! Notre association a été une réussite, même si elle a donné lieu à quelques films non réussis. Ensuite, les choses ont changé. Ni lui ni moi n'en sommes responsables. Hitchcock et Selznick avaient le même type d'association, excepté qu'Hitchcock passait la moitié de ses journées à se défendre contre son associé. Pas moi.

Vous n'avez jamais retrouvé une association aussi stable ?

Mon association avec Pierre avait un caractère unique, basé sur l'amitié et la confiance. Nous avons connu de beaux succès, trois années d'exclusivité à Paris, par exemple. Alors on a voulu *ipso facto* nous faire faire du film international, ce qui n'était pas une bonne idée. Nous faisions déjà des films universels. Il fallait plutôt continuer à faire nos films modestes, pas se lancer, trop tôt, dans des aventures comme *Red* ou *Kamouraska*. Vouloir faire des films comme en font les Américains, c'est rêver d'un cinéma qu'on n'est pas capable de produire au Québec, pour lequel on ne dispose ni des outils ni des moyens.

Le tournage de *Red* m'avait déjà posé des problèmes : inconsciemment, l'équipe tirait vers le grand film d'aventure à l'américaine, ce qu'il faut lui pardonner. Mais presque personne n'avait lu le scénario qui racontait l'histoire d'un Métis, Réginald McKenzie, partagé entre sa culture indienne et sa culture blanche, entre sa moitié peau-rouge et sa moitié James Bond. Une histoire somme toute intimiste, qu'il aurait fallu tourner simplement, selon nos moyens. Mais non, j'avais rajouté — car moi aussi je m'étais laissé prendre au jeu de la grenouille et du bœuf — une course automobile compliquée à mettre en scène et à filmer.

Alors nous sommes tombés en pleine contradiction. Au bout d'une cinquantaine de plans, l'équipe de caméra, fatiguée, tannée, est venue me voir pour m'avertir qu'elle ne tournerait pas un plan de plus. Trop, c'était trop. Mais je n'avais pas encore tourné la moitié des plans prévus pour cette poursuite auto, une première au Québec ! Finalement, Pierre est parvenu à régler le problème.

Vous étiez partenaire de l'entreprise, ce qui vous donnait forcément un pouvoir supplémentaire face à la production.

Je n'agissais pas du tout comme un patron et je ne pensais pas comme un patron. J'en suis d'ailleurs incapable. De même, je n'ai jamais pu me définir comme propriétaire ou comme mari, ou comme vice-président, ou comme père de famille.

Croyez-vous qu'un tandem comme le vôtre soit possible aujourd'hui ?

Aujourd'hui, le producteur a pris le dessus, par la volonté, peut-être inconsciente, de Téléfilm Canada. Le réalisateur est exclu, même lorsqu'il a écrit le scénario, du processus décisionnel. Il attend à la porte. C'est peut-être bien, car il faut compter beaucoup plus de temps qu'auparavant pour obtenir une réponse, positive ou négative. Le réalisateur peut aller jouer au tennis, comme Denys Arcand, ou aux échecs, comme moi ! Pierre Lamy me disait : « Tu tournes dans trois semaines. » Et je tournais trois semaines plus tard. Quel producteur aujourd'hui au Canada peut dire pareille chose ?

De plus, même les gens du gouvernement recherchent beaucoup plus qu'avant le succès populaire. Et le succès, ça se prépare au scénario. Mon film *Les Plouffe* a été exemplaire dans ce sens. L'idée venait de Denis Héroux, véritable génie de ce qu'il faut faire au bon moment, et évidemment de Roger Lemelin qui avait connu un succès monstre avec la série télé qu'il avait lui-même tirée de son roman. Pour la première fois, l'adaptation d'un roman québécois au cinéma rapportait des millions de dollars. L'ampleur de ce succès a été telle qu'il a modifié l'importance des recettes du cinéma québécois. Depuis, notre cinéma connaît un succès chaque année — *Maria Chapdelaine, La grenouille et la baleine, Le déclin de l'empire américain, Un zoo la nuit, Cruising Bar, Ding et Dong le film* —, mais, par voie de conséquence, le producteur gagne du pouvoir, de l'influence. Il reste tout de même soumis à Téléfilm Canada et à la SOGIC.

J'ai la nostalgie du temps où j'allais défendre mes idées moi-même auprès de Gratien Gélinas, Carole Langlois ou quelqu'un d'autre à la SDICC. Ça m'aidait à préciser mes idées. Carole Langlois m'a dit un jour : « Tu nous demandes un million et tu nous engueules en plus ! » Puis elle a ajouté, aimablement : « Mais au moins, toi, tu livres la marchandise ! » Cela crée de bons rapports. C'était à l'époque de *Ô Picasso*. Pouvoir se battre soi-même pour ses idées auprès des décideurs devrait faire partie de la charte des droits !

C'est vrai que nous avons un cinéma de fonctionnaires — c'est vrai depuis toujours —, mais les fonctionnaires ne sont pas tous des sous-doués. Ils peuvent même, comme Jacques Bobet, avoir du génie. Et souvent, comme

Louis Laverdière à Téléfilm Canada, ils travaillent plus que moi ! On ne le dit pas dans votre *Dictionnaire du cinéma québécois*, Michel, mais Bobet a écrit *L'âge de la machinne* avec moi. J'ai aussi écrit quelque chose avec Michel Faure avant qu'il n'entre à la SOGIC. J'ai même piqué quelques idées dans des rapports de lecture du même organisme !

Revenons à la distinction entre international et universel. Dans les années soixante et soixante-dix, vous cherchiez à faire des films universels ?

Non. Ni, surtout, internationaux. Disons que j'avais confiance dans l'avenir, point. Malgré l'Expo 67, Montréal est longtemps resté une sorte de gros village et le Québec n'était jamais présent dans l'actualité mondiale. Même en France, le Québec n'était pas connu. Félix Leclerc y avait été surnommé « Le Canadien ». On ne pouvait citer un seul film québécois. Et puis, tout d'un coup, *Les mâles* ont connu le succès à Paris, au Saint-André-des-Arts dans le quartier latin. Puis il y eut *La vraie nature de Bernadette* et *La mort d'un bûcheron*. Trois films : trois ans d'exclusivité.

À cette époque où la France s'intéressait, de manière soutenue, à vos films, Pierre Lamy cherchait-il à vous faire faire des films internationaux ?

Pierre ne recherchait pas le succès à tout prix. Il ne m'a jamais reproché de ne pas avoir de succès. Jamais je n'ai entendu dans sa bouche des paroles dans ce sens. Pourtant, tous mes films n'ont pas été des succès, loin de là. J'ai même eu des insuccès spectaculaires comme *Les corps célestes*. Pas un mot, on passait au film suivant.

Ne vous attendiez-vous pas à ce qu'un producteur vous dise plutôt que telle idée ne tenait pas la route et que telle autre avait plus de poids ?

Oui, mais avec Pierre Lamy cela ne fonctionnait pas de cette façon. Il savait que si une idée était mauvaise, je la rejetterais de moi-même, ce qui ne veut pas dire qu'il ne me glissait pas aussi des idées. Faut pas voir le paradis partout ! Nous avions aussi des querelles, mais elles n'étaient jamais vaines.

Comment s'est terminée cette association ?

Pas dans le sang, plutôt dans la fatigue. Carle-Lamy a fonctionné de 1971 à 1975.

Auriez-vous fait un bon producteur ?

Non. J'aurais eu trop de préjugés : il y a des cinéastes formidables à qui je n'aurais jamais accordé d'argent. D'autres sans talent à qui sans doute j'en aurais accordé. Comment juger du talent ? C'est la chose la plus difficile que je connaisse. On peut juger du désir, de la force, de l'ambition de quelqu'un. Mais du talent, c'est autre chose... Quand on dit que j'ai été producteur chez Onyx Films, c'est un malentendu, par association d'idées. Pierre et André produisaient tout.

Tout de même, vous étiez partenaire de l'entreprise ?

Je devais donner mon accord, mais il était acquis s'il fallait investir dans un film de Denys Arcand ou de Jean-Claude Labrecque, ou une coproduction avec Jean Pierre Lefebvre.

Cela dit, il m'est tout de même arrivé quelquefois de faire opposition et que Pierre ne tienne pas compte de mon opinion. J'étais contre la production de *Tout feu tout femme* de Gilles Richer, par exemple. Le scénario me paraissait bâclé, répétitif par rapport aux autres scénarios de l'auteur, de même que celui de Michel Tremblay et André Brassard, *Il était une fois dans l'Est.* Les deux films se sont faits quand même. Tant mieux. Il faut dire que les budgets de films à cette époque n'étaient pas très élevés et que nous ne risquions pas une faillite immédiate. Deux cent vingt-trois mille dollars pour *Les mâles,* trois cent soixante-quinze mille pour *La vraie nature de Bernadette.*

Le surcroît de travail qu'une nouvelle production représentait pour nous était bien pire. Car je ne sais pas pourquoi, il y a dans le cinéma une tradition : même si l'argent n'y est pas, on donne au réalisateur tout ce qu'il veut. On fait des miracles, on se fend en quatre, on prête son char, sa maison, même sa femme ! Les professionnels savent faire la différence entre des caprices et ce qui est indispensable à un film. Ils s'arrangent pour le donner, surtout ici au Québec où presque tous les longs métrages valent beaucoup plus que les sommes investies.

Pierre Lamy a pris la suite de Jacques Bobet. Sans eux, auriez-vous tourné autant ?

Sans Jacques Bobet, je n'aurais pas tourné du tout. Sans Pierre Lamy, je n'aurais pas tourné beaucoup. Il y a eu ensuite d'autres producteurs : Robert Lantos pour *L'ange et la femme*, Harold Greenberg pour *Maria Chapdelaine*, François Floquet pour *La guêpe*, Claude Gagnon pour *La postière*, sans oublier Justine et Denis Héroux. L'association intellectuelle que j'ai avec eux me plaît presque toujours. Il est important de s'entendre sur une certaine conception du cinéma avec ceux auxquels on s'associe. Avec Justine et Denis, j'en suis à quatre films à gros budgets.

On vous a plus d'une fois reproché le coût de vos films.

Mais par rapport à un film américain, français, ou même suédois, ils ne coûtaient rien du tout. Malgré tout, on m'accusait d'être archi-commercial, commercialiste. Même Jean Pierre Lefebvre partageait cette idée saugrenue selon laquelle si un réalisateur fait des films dans un petit pays, il doit faire de petits films. Doit-il aussi moins manger ? Moins s'habiller l'hiver ? Moins jouer dans les machines à sous ? Moins s'amuser ? La situation l'oblige déjà à faire des films plus modestes, doit-il de surcroît forcer cette modestie ? Ce genre d'idée fait partie du lot d'idées étranges qui peuvent naître dans un milieu comme le nôtre.

Un jour que nous discutions de cette question dans une assemblée de recherches à l'Élysée, dirigée je crois par Louis Portugais, et que j'en avais assez de me faire dire que mes films coûtaient trop chers, quelqu'un m'a cité pour la enième fois les films de Lefebvre en exemple. Je lui ai répondu que, justement, je venais de faire un calcul la veille en prenant le plan comme mesure, sachant que Lefebvre tournait des plans de dix minutes et moi des plans de dix secondes. Chacun des plans de mes films coûtait dix fois moins qu'un plan dans un film de Lefebvre ! C'était évidemment répondre par l'absurde. Mais voilà, on fait du cinéma avec l'argent qu'on a... Qui veut mener un combat pour en avoir moins ?

*Lorsque vous avez touché à la comédie dans les années soixante-dix, vous avez fait des films très différents de ceux de Denis Héroux (*J'ai mon voyage*) et Claude Fournier (*Je suis loin de toi mignonne*) qui dominaient le genre, sans les comédiens qu'on trouvait habituellement dans les films de ce genre, Dominique Michel, Denise Filiatrault, Yvon Deschamps.*

Mes comédies sont des comédies dramatiques, donc elles sont piégées. On y rit de moins en moins. Au début, *La vraie nature de Bernadette* est un film drôle, parfois très drôle, mais à la fin on n'a plus le sentiment que ce soit si drôle que ça. C'est devenu dramatique. Il y a eu un glissement. Un critique parisien le définissait ainsi : « Un film dont le début amuse et dont la fin inquiète. » C'est que je suis de l'école de Buster Keaton : je n'échappe jamais à la réalité.

Avant le tournage de *La vraie nature de Bernadette*, je travaillais à la place Bonaventure, une espèce de *bunker* d'où il fallait appeler sa femme pour savoir s'il neigeait dehors et je ne quittais le *bunker* qu'à minuit, parfois une heure du matin. Un univers de béton, de terrazzo, de faux marbre, d'air climatisé, de zombis... Quand j'allais aux toilettes, au bout d'un corridor sans fin, je m'imaginais toujours que quelqu'un allait surgir de l'ombre et me donner un coup de poignard dans le dos. Alors, inconsciemment au début, l'idée de raconter l'histoire d'un personnage qui fuit vers la campagne m'est venue. Je cherchais un univers de fruits, de douceur, de plein air. Mais chaque fois que j'allais à la campagne, c'était une déception : la vraie campagne, la paysannerie n'existaient plus. C'était des poulaillers hermétiques où s'entassaient cent mille poules, le gaz carbonique des machines agricoles, le bruit des avions militaires.

Dans *La mort d'un bûcheron*, c'est une aventure contraire : Marie Chapdelaine quitte la campagne pour la ville, la vie la plus moderne. Elle tombe dans le milieu de l'édition, rencontre François Paradis, Charlotte Juillet, des écrivains qui se veulent enracinés dans la paysannerie forestière. Comme le cowboy Armand St-Amour, joué par Willie Lamothe, qui vit en ville avec une mentalité de bûcheron. Comme Blanche Bellefeuille, jouée par Denise Filiatrault.

Vous vivez à Montréal. Tout de même, l'action de vos films se passe souvent dans des villes de province, ou à la campagne.

C'est vrai, mais comme pour toute chose que l'on dit à mon sujet, le contraire est vrai aussi. Il n'y a pas de film plus urbain que *La vie heureuse de Léopold Z. La tête de Normande St-Onge* est le plus montréalais, le plus urbain de tous mes films. L'action se passe à la Petite Bourgogne, autrefois un des quartiers les plus pauvres — défavorisés ! — de Montréal.

Les petites villes de province vous fascinent tout de même ?

Si les villes de province me fascinent autant, c'est peut-être parce que la vie y est aujourd'hui la même que dans les grandes villes. Je n'aurai peut-être fait toute ma vie que des films de déplacement, de déménagement : ceux où l'on arrive de la campagne pour se rendre à la ville et ceux où l'on part de la ville pour aller vers la campagne. *L'ange et la femme*, pourtant, échappe à ce classement...

Et ce n'est pas le seul de vos films qui y échappe. Vous avez fréquenté les festivals à l'étranger avec Le viol d'une jeune fille douce, La mort d'un bûcheron, Les mâles *et* La vraie nature de Bernadette. *Il s'agissait de vos premiers contacts avec l'étranger ?*

J'avais participé à quelques festivals avec certains de mes documentaires : *Percé on the Rocks, Manger* et quelques autres. Mais pas des festivals importants.

La fréquentation des festivals vous stimulait ?

Ça me permettait de faire des voyages et je m'y amusais beaucoup.

Y avez-vous rencontré plusieurs cinéastes ?

J'y ai rencontré à peu près tous les réalisateurs français de mon âge, mais j'ai surtout lié des amitiés avec les scénaristes. Ainsi, j'ai eu le bonheur de bien connaître Jean Eustache, dont j'avais admiré *La maman et la putain*. Je ne pense pas avoir jamais fait une démarche pour rencontrer qui que ce soit. Ce n'est pas mon habitude de prendre le téléphone et d'appeler quelqu'un que je ne connais pas, sans but précis.

Certaines rencontres imprévues ont été toutefois déterminantes. Ainsi j'ai fait la rencontre d'Ennio Flaiano alors que j'étais encore à l'ONF, en 1964. Nous sommes devenus très amis, et Flaiano m'a permis de rencontrer Fellini à Rome. Flaiano, qui était le scénariste préféré du cinéaste avec Pinelli et Zavattini, a profité de ma présence pour se réconcilier avec lui. Après *Juliette des esprits*, auquel il n'avait collaboré qu'au début, Flaiano trouvait que le

84

pauvre Fellini choisissait une très mauvaise voie, celle du maquillage et du décor. Comme Antonioni, qui dirigeait le cinéma vers la photographie. Alors il les croyait finis tous les deux et le leur disait, ce qui s'est révélé un peu vrai, mais pas très habile côté amitié. Il avait écrit une lettre très malheureuse à Fellini, lettre qui disait : « Je comprends qu'un homme laisse sa femme avoir un amant. Je comprends qu'il laisse cet amant vivre dans sa maison, surtout que cet amant est poète. Ce que je ne comprends pas, c'est comment il peut laisser sa femme choisir un mauvais poète comme amant ? » J'ai vu Fellini déchirer tous les papiers qui concernaient Flaiano et les jeter dans la rue dans une grande colère verbale, en me prenant à témoin ! Faut dire qu'il y avait beaucoup de spectacle là-dedans. Fellini connaissait à peine mon nom.

J'ai aussi rencontré Antonioni à un dîner amical auquel il est venu en compagnie de Monica Vitti, la vedette du *Désert rouge* et de *L'avventura,* entre autres films. Elle était assise à sa droite et moi à sa gauche, près de Flaiano. Pas une seule fois le metteur en scène italien ne m'a adressé la parole ou ne s'est tourné tout simplement vers moi. Après le dîner, Ennio me fournit une explication : « Tu étais assis de son mauvais côté. Il a un tic à l'œil droit et, par coquetterie, ne veut pas que tu le saches. »

Ennio et moi avions souvent de longues conversations. Il ne connaissait pas grand-chose au blues, musique qui me fascinait à l'époque, mais il aimait entendre parler de Lightin Hopkins, de Big Joe William... Par contre, nous aimions les mêmes femmes en peinture, Esther de Chassériau et une Vénus de la Villa Borghese, pas celle de Milo. Nous allions la voir tous les trois jours. Il avait autant

d'admiration que moi pour Picasso et certains peintres surréalistes. Ce qui nous a unis le plus, peut-être, c'est que
nous avions tous deux un enfant victime de paralysie
cérébrale, lui une jeune fille en garde continue, moi un fils,
Sylvain, dont le cas était moins grave. Son enfant lui a
inspiré *La strada*. Tout l'homme Flaiano est là : voir le
retardement mental d'un enfant comme une chose
poétique. J'en aurais, moi, été bien incapable.

Déjà, l'Italie m'avait fasciné lorsque j'y étais allé en
voyage de noces avec ma première femme, Suzèle, mais là
le pays me captivait d'autant plus qu'un connaisseur me
servait de guide. Je pénétrais dans le monde de la comédie
et du drame à l'italienne. À cette époque de l'après-guerre,
en Italie, tout le monde collaborait avec tout le monde.
Fellini, Antonioni, Rossellini avaient pour scénaristes les
meilleurs romanciers et dramaturges de l'Italie. Tous
ensemble, ils ont inventé le néo-réalisme, le plus beau
cinéma du monde. Par la suite, la situation s'est gâtée : les
romanciers ont voulu redevenir romanciers et les dramaturges sont revenus au théâtre. Ennio, lui, n'avait jamais
négligé la littérature, mais cela, on ne l'a vu qu'après sa
mort quand on a trouvé dans ses tiroirs de nombreuses
pièces de théâtre, et plusieurs nouveaux romans dont *La
solitude du satyre*. Il rapporte dans celui-ci comment, en
cherchant avec Fellini à trouver un nom au reporter de *La
dolce vita*, ils feuilletèrent au hasard *Sur les rives de l'Ionie*
de Georges Gissing, et tombèrent sur le nom Paparazzo —
mot vite devenu paparazzi pour désigner les photographes
indiscrets. Il disait qu'il avait eu souvent l'occasion de réaliser ses propres films, mais qu'il n'en avait eu ni le courage
ni la détermination. Il est mort à Rome le 20 novembre
1972, à l'âge de soixante-deux ans, d'un infarctus.

Le métier demande du courage ?

Du courage qui consiste souvent à ne pas toujours voir venir les problèmes ! Parce que le cinéma, c'est une suite de problèmes plus ou moins résolus. Plus cent tonnes de dérangements. On bute toujours sur un nouveau mur et on doit constamment prendre des décisions rapides sans se tromper. Comme aux échecs, un mauvais coup et c'est perdu. Il y a une forte relation entre les échecs et le cinéma.

Vous avez fait d'autres rencontres importantes ?

J'ai rencontré Oscar Saul, le scénariste de Sam Peckinpah, et travaillé avec lui. Mais pas longtemps. À soixante-cinq ans, il était tombé amoureux d'une *waitress* de chez Beauty's et il l'a vite ramenée à Hollywood avant qu'elle ne change d'idée. J'ai aussi rencontré des scénaristes français, évidemment, notamment Jean-Claude Carrière, Gérard Brach, Claude Brulé et Jacques Vigoureux qui a un peu travaillé sur *Les Plouffe*.

Le viol d'une jeune fille douce m'a permis de faire la rencontre d'un homme avec lequel je me suis lié d'amitié, Pierre Shaeffer, alors directeur de l'ORTF et très influent en France. Il aimait beaucoup la trame sonore du film, musique et sons. Il m'a proposé un scénario et nous sommes devenus amis. Son livre, *Les antennes de Jéricho*, est très important pour les gens du cinéma et de la télévision.

Je me lie facilement d'amitié avec des gens qui sont beaucoup plus âgés ou plus jeunes que moi. C'est le cas de Ben Barzman, mon aîné de plusieurs années. Sous le coup du maccarthysme, il avait dû fuir les États-Unis et travailler sous un faux nom en Europe. Scénariste de Joseph Losey à ses débuts, notamment pour *The Boy With Green Hair*, il a travaillé secrètement ensuite au scénario de *Celui qui doit mourir* de Jules Dassin et à celui de *Z* de Costa-Gavras. Je l'ai rencontré en 1972 au Festival de Cannes où il avait vu *Les mâles*, par l'entremise d'un Québécois formidable, Claude Giroux. Claude était aussi propriétaire de Allied Artists, la compagnie américaine, et des laboratoires Bellevue-Pathé au Canada. L'histoire de sa vie dépassait en originalité celle de n'importe quel roman.

Les mâles a fait événement à Cannes.

Sans être en compétition, le film a fait l'objet d'un tapage publicitaire assez original.

Avez-vous participé à ce travail de promotion, de marketing ?

Non, c'était l'idée d'un petit génie québécois dont j'ai oublié le nom. Constamment déprimé, malgré son talent et ses succès, il a fini par s'enlever la vie. Il avait monté une campagne assez étonnante et d'un type nouveau que beaucoup de publicitaires ont copié depuis. À cause du titre, il a associé mon film au culturisme, et recruté tous les Monsieurs Muscles de la Côte d'Azur pour qu'ils déploient leurs muscles sur des fardiers sur la Croisette. Succès monstre mais qui donnait une fausse image du film, suscitant une rumeur de perversion sexuelle « mâle ».

Claude Giroux, qui avait acheté le film, a craint le pire. Moi aussi. Finalement, le film n'a pas été le désastre que nous avions craint à cause de la nudité mâle. On a seulement été obligé d'ajouter deux projections supplémentaires le soir de la première.

Malgré ce succès, il a fallu près de deux ans avant que *Les mâles* ne sorte à Paris, dans des conditions horribles d'ailleurs. Sans publicité, sans même le titre dans aucun journal, avec pour seul support publicitaire une mention dans l'horaire du *Pariscope* et encore, on l'avait classé comme film de sexe. Il est même sorti dans une salle porno de Pigalle où, le premier soir, il n'y a eu que trois spectateurs. Mais l'un d'eux était un réalisateur grec en vacances à Paris qui voulait voir un film de sexe pour la première fois. Quelle déception ! Il a quand même adoré le film et en a parlé à un ami d'origine grecque, André Diamantis, le propriétaire d'un cinéma d'art et essai du quartier latin, le Saint-André-des-Arts. Celui-ci attendait un film suisse qui n'arrivait pas, alors il a décidé de prendre *Les mâles*, pour une semaine. Il l'a racheté au distributeur italien qui l'avait lui-même acheté de Claude Giroux. La première semaine, il y a eu environ trois cents spectateurs, un bide. Ironie du sort ou effet de magie, le film qu'attendait le propriétaire du cinéma n'est pas arrivé à temps pour être projeté la semaine suivante. André Diamantis a donc gardé *Les mâles* une semaine de plus. Et là, le public a triplé. La troisième semaine, toute la presse française, secouée par un article de Jean-Louis Bory dans *Le Nouvel Observateur* où on lisait « *Les mâles* du Canadien Gilles Carle, un film fantastique, viril, nouveau », se présentait au guichet.

Le film a été un tel événement que des films à petit budget, condamnés à rester dans les tiroirs, ont pu sortir, car on avait appris que j'avais fait *Les mâles* avec deux cent vingt-trois mille dollars. Plusieurs cinéastes ont vu leur film débloquer, à la production, comme *Les valseuses* de Bertrand Blier et *Bof* de Claude Faraldo.

À cette époque vos films sortaient systématiquement en salles en France.

Tous mes films sont sortis en France, sauf *La vie heureuse de Léopold Z.* Toutefois, *Les mâles* n'a pas connu son plus grand succès en Europe, mais en Amérique du Sud, où le distributeur l'avait vendu, je crois, sept mille dollars. Des années plus tard, le distributeur brésilien, rencontré au Festival de Cannes, m'a fait une fête avec des mariachis, des danseuses nues, dans le bar de l'hôtel Ramirez pour me remercier de l'avoir rendu millionnaire. Il m'a dit : « J'ai enfin ma villa au bord de la mer. » Donald Pilon était allé en Amérique du Sud où tout le monde le reconnaissait ! Il y a peut-être une part de légende là-dedans, mais chose certaine, j'ai eu une belle fête multicolore.

L'ange et la femme est votre long métrage le plus expérimental. Dans quel esprit l'avez-vous tourné ?

Ce film est dans la continuité des idées que je défends depuis toujours. Tout y est extraordinaire mais traité d'une façon prosaïque, la mort, le discours sexuel, l'érection, l'amour infini, la qualité du sperme des antilopes, etc. Je dé-moralise les gens qui font l'amour, je les regarde comme je regarde les gens manger. Ils font les mêmes gestes. Ils discutent de la mort comme d'un fait banal. À l'heure où tout le monde dit que la sexualité est extra et où la télévision fait l'éloge de l'orgasme, moi je me contente de nommer un chat un chat, un pénis un pénis.

Surtout, vous montrez le chat.

Je lutte contre la morale ridicule que propose la télévision, qui a pris la succession du clergé dans le domaine de la bêtise moraliste. À la sortie du film au Québec, ç'a été un hourvari d'esprits offensés. Pourquoi ? Parce qu'on ne retrouvait pas dans mon film les idées banales qu'on aime sur le sexe, la mort et l'amour. Heureusement que j'ai gagné le prix de la critique européenne à Avoriaz parce que j'en serais encore à me croire incompris ! Qui étaient les plus déchaînés ? Les critiques qui avaient aimé *La vraie nature de Bernadette*. Le scandale montre toujours le bout du nez lorsque Dieu s'inverse et devient le diable. Ou le contraire.

Dans *L'ange et la femme*, j'ai imaginé un ange qui surgit de nulle part dans la neige, j'ai filmé des paysages enneigés au ralenti, comme un peintre l'aurait fait, et enregistré des sons de la nature pour le simple plaisir d'apprécier leur sonorité. L'ange, qui a un sexe, viole tranquillement une jolie fille, et la fille aime ça. Elle ne dit rien. Elle se laisse immoler sur un divan acheté chez Eaton, dans une fumée de Marie-Jeanne. L'antithèse des sujets à la mode. J'aurais pu punir le violeur et installer la morale, mais je démoralise : l'ange et la femme mangent avec des gestes de sensualité, de cannibalisme. Faire l'amour, c'est cannibaliser quelqu'un, non ?

Je n'ai pas été le premier cinéaste québécois à montrer la sexualité pour ce qu'elle est vraiment. Il y a eu aussi Guy Borremans dans *La femme image* et Pierre Harel dans *Vie d'ange*. Avant ce long métrage d'Harel, il y avait eu, au milieu des années soixante, *Le festin des morts* où l'on voyait les premiers nus du cinéma québécois, du nu amérindien dans la puanteur et la boue. Cela faisait partie des fantasmes indiens de Fernand Dansereau — des miens aussi d'ailleurs. Une rumeur est née dans les miasmes de la vertu et s'est vite répandue : le film a mauvaise odeur, n'allez surtout pas le voir. Même chose autour de *L'ange et la femme*, des années plus tard. On a tué le film avant même qu'il ne sorte.

Il arrive tout de même que la sexualité à l'écran crée de l'intérêt chez les spectateurs.

Oui, mais pas nécessairement.

Vous vouliez choquer ?

Pas besoin, les gens s'inventent des choses choquantes eux-mêmes. Une femme et un homme m'ont dit y avoir vu une queue de violon pénétrer dans un vagin. Comment ont-ils pu voir ça ? De même, d'autres ont vu du sang où il n'y en avait pas. Ce que je montrais dans les scènes d'amour était bien plus prosaïque et surtout technique. J'avais fait un découpage précis de l'approche sexuelle jusqu'à l'éjaculation, pour présenter le spectre complet de l'acte amoureux. Le spectre — le mot le dit — a fait peur. C'est seulement dans les films pornos que le réalisateur dit : « Entrez dans le lit et faites l'amour ! », puis regarde ce qui se passe.

L'effet n'est pas le même lorsqu'on sort du créneau pornographique.

Jamais. On m'a fait une réputation de cinéaste qui met beaucoup de sexe dans ses films. C'est faux.

Vous voulez corriger cette perception ?

Non, je m'en fous totalement. Y a-t-il du nu dans *La vie heureuse de Léopold Z*, dans *Le viol d'une jeune fille douce*, dans *La vraie nature de Bernadette* ou *Maria Chapdelaine* ? Il y en a dans *Les mâles*, mais en fait c'est un nu de situation : Rita Sauvage est nue et les deux personnages mâles sont vêtus de peaux de bêtes. Ils se rencontrent et se parlent normalement, ils font comme si la jeune fille était habillée. Mêmes mots, mêmes gestes. Ce n'est pas du nu ça, c'est aussi pur que du Botticelli. C'est tellement pur que toutes les censures du monde ont laissé passer le film, même aux Indes et en Amérique du Sud, d'où le succès. Il y a toujours une mauvaise raison au succès.

Tout de même, ils ne sont pas toujours très malins les gens de la censure ou de la douane. *Le viol d'une jeune fille douce* était un jour attendu au festival de New York, mais la douane ne lui laissait pas passer la frontière américaine. J'accours avec Pierre Lamy et je leur dis : « Si j'avais fait un film porno, je ne l'aurais pas appelé *Le viol d'une jeune fille douce*, mais *La vie secrète des abeilles au Pakistan* ou *Le déplacement des glaciers à travers les âges.* » Ça ne les a pas convaincus et j'ai raté le festival. À cette époque, pourtant, tous les films pornos fabriqués en Suède ou en Allemagne portaient des titres banals comme *L'histoire de ma famille*, ou *Le loup, une espèce en danger*, de manière à traverser les frontières facilement.

Je suis le seul cinéaste au monde à avoir situé un film dans un bordel, sans jamais faire allusion à la sexualité et sans la moindre scène de nu. Je l'ai payé d'ailleurs cher. Même à Paris, *Les corps célestes* n'a pas dépassé les trente-cinq mille entrées.

Est-ce que L'ange et la femme *a aussi choqué à l'extérieur du Québec ?*

Il est encore défendu au Manitoba et en Alberta. Il l'a été très longtemps en Belgique et dans certains autres pays européens. En 1989, pendant mon séjour au festival de Namur, la Belgique a levé l'interdit touchant *La tête de Normande St-Onge.*

Votre façon de filmer la nudité, la sexualité aurait freiné la diffusion internationale de certains de vos films ?

C'est certainement le cas pour *La mort d'un bûcheron* en Inde. On a dû retirer le film de l'affiche, après avoir obtenu un permis spécial d'Indira Gandhi pour montrer des baisers et de la nudité à l'écran. Le film a été projeté à Bombay dans un festival. On y présentait deux films québécois, le mien et *Mon oncle Antoine* de Claude Jutra, où il y avait une scène où on voyait les seins — très beaux — de Monique Mercure. Dans *La mort d'un bûcheron*, il y avait la fameuse scène où Carole Laure marche nue, à quatre pattes, avec un oiseau mort dans la bouche. Aussi bien pour le film de Claude que pour le mien, c'était le délire quand paraissait un sein à l'écran. Deux mille cinq cents personnes se levaient et applaudissaient un sein, un nombril, une cuisse, un dos ! Pour les scènes dramatiques, c'était le silence total.

En conférence de presse, on m'a demandé pourquoi j'avais mis des scènes de sexe dans le film. J'ai répondu qu'après le premier visionnement public je me demandais plutôt pourquoi j'avais mis les autres !

Comment avez-vous accueilli la réputation qu'on a faite à
L'ange et la femme ?

La rumeur négative ne m'a pas beaucoup touché. Il y a
toujours quelqu'un d'intéressé à faire circuler une rumeur
ou à la propager. J'en ai plus d'une fois été victime. Dans
le cas de *La guêpe*, notamment, et de *L'ange et la femme*.
Mais ce n'était pas des rumeurs bien malignes, plutôt de
petites rumeurs de complaisance qui circulaient dans le
« milieu ».

La rumeur défavorable vous affecte beaucoup ?

J'essaie de voir les idées qui se cachent derrière.

Ne me dites pas que vous adoptez le point de vue de
l'observateur scientifique...

Je ne suis pas si sage que ça. Disons que je suis contrarié
quand la rumeur du milieu et la critique générale coïn-
cident. Et que je me console en pensant à ce que mon père
disait : « Un homme qui ne vaut pas une mauvaise critique
ne vaut rien. » Ce qui me choque, au fond, c'est le « taux
de participation » des gens : tous collaborent harmonieu-
sement à la répandre, à la grossir. Puis tous se taisent en
même temps. La rumeur s'éteint. C'est comme des étour-
neaux sur un fil : tu tires un coup de feu, ils s'envolent tous
ensemble, volent un moment avec grâce, puis reviennent se
poser sur la même branche en même temps.

À la sortie de *La guêpe*, toute la critique s'est élancée
contre mon film — et moi ! — à l'unisson : la mort d'un
cinéaste, l'astre déchu du cinéma québécois, un navet
cinématographique, etc. Puis tout le monde s'est tu en

même temps. Face à ce mouvement général, j'ai eu tort de répondre à la critique. Je le faisais pour la première fois.

Vous vouliez d'abord défendre votre compagne, Chloé Sainte-Marie, plutôt que votre travail de cinéaste ?

Chloé Sainte-Marie est la seule comédienne québécoise qui ait été connue grâce à un échec. Elle représentait un nouveau type de comédienne, de personnage, de façon d'être à l'écran. Plus fragile, plus sexy d'une certaine manière, plus émotive aussi. Enfin quelqu'un qui ne hurlait pas à l'écran, qui ne poussait pas sur sa voix au point de la contrefaire, qui avait de l'humilité. L'humilité vraie passe pour un manque de talent. Côté sonore, je ne l'ai pas aidée : un, j'ai poussé les choses très loin, comme dans *La vie heureuse de Léopold Z*, en mettant un tango argentin sur des images de la plaine des Cantons de l'Est. Ça n'a pas plu. Et deux, sur les premières copies du film, le fond sonore — ambiance, bruits de pas ou d'avion, effets dramatiques de violence, etc. — avait disparu. Il ne restait que la voix des acteurs. Je peux bien le dire aujourd'hui, mais ça ne signifie pas que le film aurait marché.

Vous dites que vous avez répondu à la critique pour la première fois à la sortie de ce film, mais n'aviez-vous pas aussi défendu L'ange et la femme *?*

Non. Je me suis expliqué un peu, mais j'y ai renoncé très rapidement.

Vous croyez qu'aujourd'hui ce film serait vu autrement ?

Je ne sais pas. Je ne l'ai pas revu moi-même. Je brisais le tabou du pénis en érection, de l'éjaculation à l'écran, ce qui se faisait pourtant déjà dans les films pornos. Mais le scandale ne consiste pas à montrer une scène jugée obscène ; il consiste à la montrer à un endroit ou à un moment déplacé. Si on prend une fille nue de *Playboy* et qu'on la met dans *Penthouse*, on ne fait rien du tout. Si on la met en première page du *Devoir* avec en sous-titre « Vive la liberté sexuelle », le scandale se répercute jusqu'à la chambre des députés.

Ces exercices de déplacement et ce flirt avec le scandale tiennent une place importante dans vos films.

Je n'ai jamais provoqué de gros scandales, seulement de petits scandales qui s'ajoutent les uns aux autres et qui finissent par agacer. Dans *Le viol d'une jeune fille douce*, il y a une forme de vidéoclip avec une caméra qui branle, qui filme des vieilles femmes misérables et des gens en fauteuil roulant, bref la misère humaine de l'est de Montréal sur un blues de Willie Lamothe. Trois minutes et demi en noir et blanc dans un film en couleurs. À l'époque ! Il y a autre chose aussi qui a irrité le spectateur dans ce film. Les « Lachapelle Brothers », joués par les frères Pilon, vont battre le violeur de leur sœur et ils violent eux-mêmes une jeune fille en chemin. Que font-ils après ? L'un d'eux met son chapeau et dit : « Ouais, on a une belle température, on va pas être obligé de monter le top du char. » C'est rien, mais c'est horrible : aucun sentiment de pitié. Dans *La vraie nature de Bernadette*, je coupe d'une scène romantique, très romantique, à la collecte du sperme d'un jeune taureau dans un laboratoire d'insémination artificielle. Un choc imprévisible.

Un distributeur Américain, Israel Sharked de Continental Films à Los Angeles, m'a dit après avoir vu *La postière* que j'aurais connu un succès mondial si la scène de sexe dans le magasin général de Val Jacob avait été plus longue de cinq minutes. Je m'y étais refusé parce que, dans une comédie de l'enfance revécue, ç'aurait été une erreur de style. J'essaie toujours d'éviter un cheminement trop prévisible. J'arrive où je veux en me trompant de chemin. Je n'aime que les personnages qui changent de pays, de maison, de femme... et les idées déplacées. C'est ma manière de mieux comprendre. Mais j'en paie le prix : les spectateurs se demandent pourquoi j'ai fait ceci ou cela. Pourquoi le film n'est pas romantique de bout en bout. Pourquoi je mets du tango argentin sur un paysage typiquement québécois. Alors ils se prennent à aimer la partie amusante de mes films et pas l'autre, plus secrète, plus sérieuse.

Vous les perdez dans ces glissements ?

Je constate qu'ils suivent souvent la mauvaise piste.

Souvent...

Par exemple, l'accueil qu'on a fait en France à *La vraie nature de Bernadette* m'a fait souffrir...

Qu'aimait-on ?

Le côté « confitures aux fraises ». La critique n'a retenu que le retour à la nature alors que je dis que la nature, c'est fini. Avant, ici, j'ai dit à propos de *Red* : « C'est l'histoire de la société contre un individu. » Tout le monde a écrit que c'était « l'histoire d'un individu contre la société ». Le cliché gagne toujours. C'est pour ça que c'est un cliché.

Si on vous avait offert de tourner des films érotiques, auriez-vous accepté ?

Non. Dans un film de sexe, il n'y a que le sexe. C'est trop pur ! Est-ce que j'aimerais être condamné à ne manger que du chocolat ? J'ai fini par ne plus pouvoir supporter les films de la Nouvelle Vague parce qu'ils sentaient trop le renfermé. Tout se passait trop dans une chambre blanche avec deux ou trois personnages et un dialogue du genre : « Viens-tu coucher avec moi ce soir ? — Non, je vais coucher avec Georges. » La mise en scène me paraissait simpliste, souvent.

Trop peu et trop pur. Je préfère souvent le cinéma américain parce qu'il y a un *background* très puissant, ce qui était vrai aussi du néo-réalisme. Il me faut la vie du peuple, beaucoup de personnages secondaires, des digressions... C'est pour ça que j'ai fait *Les Plouffe*.

Vous connaissiez Roger Lemelin avant d'aborder Les Plouffe *?*

J'avais déjà joué aux échecs avec lui. Nous étions d'égale force, c'est-à-dire pas forts ! Il considérait la littérature comme l'équivalent de la boxe et l'écriture d'un roman s'apparentait pour lui à la pratique d'un sport violent.

Est-ce vous qui avez souhaité l'associer au travail d'adaptation des Plouffe *au cinéma ?*

99

Denis Héroux voulait que j'écrive le scénario. Mais comme l'auteur était vivant, il me semblait difficile, sinon impossible de faire le scénario sans lui. Je voulais raviver sa mémoire : un auteur qui a écrit *Les Plouffe* sait sans doute des millions de choses sur le Québec de l'époque qu'il n'a pas dites dans ses livres, surtout quand, comme Lemelin, il est presque l'homme d'un seul roman. Effectivement, la mémoire de Lemelin était phénoménale. Dans un film, il est possible d'aborder la réalité par le détail. Ça me plaisait. Et j'ai mis à profit l'abondance de détails que m'a livrés Lemelin sur la vie quotidienne de 1939 à 1945, aussi bien la manière de jouer au baseball en français, par exemple l'expression « se mettre en petite vitesse » (les frères relevaient leur soutane par derrière pour libérer leurs mouvements), que les vraies couleurs des premiers drapeaux québécois qu'on faisait sécher sur une corde à linge après les avoir « teindus ». Toutes les choses qui lui avaient semblé moins importantes quand il écrivait son roman en 1947.

Lemelin m'a aussi aidé à développer davantage certaines scènes, celle du jeu d'anneaux entre autres. Les jeux, dans le quartier Saint-Sauveur de Québec de l'époque, étaient mal vus du clergé puisqu'ils rognaient sur le temps de la prière. Il y avait une guerre d'usure entre la « religion du sport » et la religion catholique. En tout cas, Lemelin voyait les choses comme ça. Comme la télévision n'existait pas et qu'ils écoutaient peu la radio, les gens de Saint-Sauveur avaient inventé une centaine de jeux nouveaux — des jeux de cartes notamment — qui donnaient bien du mal au curé : quand Guillaume Plouffe jouait aux anneaux, les vêpres désemplissaient. Je ne voulais cependant pas en dire plus que le roman, seulement créer un arrière-plan social très fort.

100

Cette idée d'opposer le sport à la religion a été jugée à l'époque irrévérencieuse par les évêques. Des curés se sont élevés contre ce livre en chaire et Lemelin a presque été excommunié, chose difficilement imaginable aujourd'hui. Pour contrer le mal, on faisait des sermons favorables à *Maria Chapdelaine* de Louis Hémon, livre modèle. Du roman catholique pur et sans taches. Pourtant, c'était le contraire : le livre pervers quant à la religion, c'est *Maria Chapdelaine*, pas *Les Plouffe*. On se trompait. Lemelin était animé par la volonté de séparer l'État, trop nationaliste, de la religion. On trouverait difficilement de quoi miner l'esprit religieux des Québécois dans son roman, qui parle plutôt de réforme.

Les Plouffe *montre aussi une famille en changement.*

Une famille en évolution, oui. On pourrait analyser ce qui se passe chez les Plouffe, dans leur cuisine, et deviner ce qui se passe à l'extérieur dans le pays.

Avec Les Plouffe*, vous inauguriez au Québec le cycle des films combinés à une série télévisée,* Le matou, Bonheur d'occasion, Le crime d'Ovide Plouffe, *tous tirés d'un roman.*

Les Plouffe est d'abord un film, un long film de trois heures et quarante-sept minutes. Le reste, c'est du saucissonnage.

Le film jouissait d'un budget hors norme.

Je l'ai dépassé, chose rare de ma part. On dit d'un million, moi je dis de la moitié. Au Québec, on le sait, le plus grand péché, c'est de dépasser un budget de film. On peut le faire partout, au gouvernement, chez Bell, à l'oratoire Saint-Joseph, mais pas au cinéma.

Tout de même, c'était, à quatre millions huit cent mille dollars, le plus gros budget d'un film québécois à ce jour !

Oui. Nous avions mille trois cents figurants à Québec, et comme réalisateur j'avais vingt-cinq ou trente assistants pour régler la procession contre la conscription de 1939 dans les rues de Québec, de la basse-ville à la haute-ville.

De tels moyens étaient-ils nécessaires ?

Oui. Sans les mouvements de foule, les grandes processions, la présence du cardinal Villeneuve, les grandes messes, les amoureux sur la terrasse du château Frontenac... aussi bien rester dans la cuisine comme la série télévisée réalisée par Jean-Paul Fugère dans les années cinquante. Mais on aurait fait moins bien. Il nous fallait sortir à tout prix, comme le souhaitait d'ailleurs Denis Héroux. À l'époque, c'était encore possible. Si nous avions tourné deux ans plus tard, il aurait fallu repeindre presque toute la ville pour refaire du vieux avec du neuf. Les longs plans du cap aux Diamants ont été tournés à Québec, les plans moyens à la montagne à Montréal, et certains gros plans en studio. François Protat, le directeur de photographie, a fait des miracles.

Vous retrouviez l'époque des Corps célestes, *dont l'action se passe en 1938. Pareil voyage dans le temps vous paraît-il exigeant ?*

Je n'ai pas seulement connu ces années, j'en ai le souvenir exact et précis. La façon dont les gens se comportaient à l'arrivée de la guerre fait partie de mon éducation. Il est difficile de tourner un film quand il faut se demander à chaque seconde comment étaient faites les poignées de portes, les carreaux du plancher, les robinets des éviers ou comment on faisait une génuflexion. J'ai été soumis en Abitibi à l'emprise de la religion et des communautés religieuses de la pensée catholicarde ; moins qu'ailleurs peut-être, mais assez pour savoir que l'État et le clergé s'entendaient à la perfection. Le Québec des années trente était franquiste jusqu'au délire.

Vous opposez Les Plouffe *et* Maria Chapdelaine. *Que voyez-vous de pervers dans* Maria Chapdelaine *?*

Maria Chapdelaine se donne pour une grande œuvre chrétienne, je l'ai dit. Mais c'est un piège. Le roman se situe aux confins de tout, de la neige et de la forêt, de la toundra et des saisons, du religieux et du non-religieux, du sorcier et du prêtre, comme la vie de Louis Hémon d'ailleurs. On ne peut comprendre le livre si on oublie les pages où il est question des sortilèges amoureux : « ... une magie s'était mise à l'œuvre et lui envoyait (à Maria) la griserie de ses philtres dans les narines ». Plus loin, il est question de Windigo (le loup-garou), des chamans — de « vieux sauvages pleins d'expérience » —, d'amulettes, de charmes et même du philtre amoureux lui-même. On est loin du Christ et de la Sainte Vierge ! Les « mille chapelets » pour que François revienne à Noël, c'est de la superstition. Maria ne récite pas une prière, elle dit mille « Je vous salue Marie ». C'est le nombre qui compte. À la fin de son récit,

Louis Hémon, qui n'était pas fou, fait un éloge extra-ordinaire de la paysannerie québécoise du Québec, mais c'est un leurre : il met sur un pied d'égalité chansons et cantiques, chant de femme et sermon du prêtre, rêve et réalité. La fin du livre est un rajout.

Certaines personnes croient que Louis Hémon a été assassiné à Chapleau, en Ontario. En fait, on ne sait pas où et comment il est mort. Même sur le plan sexuel, on ne sait pas trop qui il était. Probablement bisexuel et plutôt pan-théiste que chrétien. Bernard Grasset, premier éditeur de *Maria Chapdelaine*, ne nous éclaire pas. Au contraire, il n'a pas hésité à retarder pendant quarante ans la publication d'un autre roman de Louis Hémon, *Monsieur Ripois*, por-nographique pour l'époque, pour ne pas nuire au caractère chrétien de *Maria Chapdelaine*. Il n'a pas non plus publié *Colin-Maillard*, du même auteur. Le mythe québécois de la Sainte Vierge, incarné par Maria, plaisait beaucoup aux évêques français, qui ont assuré sa popularité en faisant son marketing du haut de la chaire. Pourtant, *Maria Chap-delaine* fait l'éloge de l'homme homme et de la femme femme. Ensuite, celui de la famille, de la terre et du pays. Dans cet ordre-là.

Vous pensez qu'on y a vu l'ordre contraire ?

Exactement. Grâce à Grasset qui a inventé une des pre-mières grandes campagnes de marketing mondial en littéra-ture. *Maria Chapdelaine* s'est vendu très tôt à quatre cent mille exemplaires en France seulement — un tirage jamais atteint par un roman. Il a longtemps compté parmi les romans les plus vendus au monde. Le marketing mondial, tout en gardant le côté rentable du christianisme, a renchéri avec les vertus de l'attente et de la résignation féminines. Il s'agit d'un romantisme passif, nouveau à cette époque, qui fait aujourd'hui le succès d'Harlequin. Dans tous les Harlequin, une femme attend un mystérieux étranger, qui travaille ailleurs et qui soupire pour elle. Comme Maria.

Mais dans ces livres-là, la fin est heureuse.

Les livres Harlequin ne sont pas obligatoires pour les catholiques ! La nouveauté, c'est que tous ces livres soient puritains. Pas *Maria*.

Que pensez-vous des adaptations cinématographiques de ce roman signées par Julien Duvivier et Marc Allégret, la première en 1934, la seconde en 1950 ?

Je préfère ne pas parler de ce dernier film, qui se passe dans les Alpes. Il s'agit d'une tromperie. Il ne reste rien du livre. Quant au film de Duvivier, il est très intéressant, malgré les nombreuses erreurs qu'il comporte. Un des personnages parle d'un pont sur le lac Saint-Jean — ce qui ferait un pont de vingt-six milles ! —, il y a des erreurs de langage (on n'y dit pas « Je suis en maudit », mais « Je suis en maudit de toi »), on fait danser le curé avec Maria lors d'une noce, etc. Les intérieurs sont bourrés de bahuts français, de casseroles aux murs, d'accessoires étranges... mais les extérieurs sont justes. J'ai fait des recherches pour retrouver l'endroit où Duvivier a tourné le fameux plan de la chute d'eau si haute et magnifique afin de lui rendre hommage. Malheureusement, elle est en Écosse dans un endroit perdu et elle est maintenant entourée de maisons.

Le film de Duvivier est très dynamique. C'était la première fois qu'un cinéaste étranger s'intéressait au Québec, à sa langue, à sa culture comme l'avait fait Louis Hémon. Il a utilisé notre langue parlée. Même les transcriptions des procès de l'époque ne le faisaient pas. On transposait en bon français. Une femme disait : « J'ai souffert le martyre et j'y en veux ben des fois » et on écrivait qu'elle voulait « exercer une vengeance ». Duvivier n'a pas fait ça. Évidemment, la grande tempête de neige où François Paradis va trouver la mort est naïve. Mais au moment où il a tourné, toutes les tempêtes au cinéma l'étaient. Les techniques n'étaient pas au point.

Mon film a été moins bien reçu par la critique ici qu'à l'étranger. La Presse canadienne y a relevé sept erreurs importantes : toutes étaient fausses. La Presse canadienne ne connaît pas notre réalité. Aux États-Unis, on a comparé mon film à du Griffith, ce qui est inexact aussi. Kevin Thomas, un critique du *Los Angeles Times*, a toutefois écrit que c'est par mon film que l'on comprend le mieux comment les grandes religions, même si on n'y croit pas, peuvent aider un peuple à survivre dans des conditions d'extrême difficulté.

Vos premières expériences d'adaptation de romans ont consisté à reprendre des classiques de notre littérature. Cela vous effrayait ?

Au contraire, adapter des classiques me rassurait. Cela me fournissait en quelque sorte des bouées de sauvetage. Je pouvais toujours, si j'étais perdu, me raccrocher à l'œuvre originale. Ce que je faisais souvent d'ailleurs. J'avais toujours les éditions de poche de *Maria Chapdelaine* ou des

Plouffe sur la banquette de ma voiture. Mon travail consistait non pas d'ailleurs à être plus original que l'original, mais à traduire la réalité du livre en images. Je devais aussi tourner de la façon la plus classique possible. Je n'aime pas les auteurs qui s'amusent à refaire le jardin des autres. Avant que je ne tourne *Les Plouffe*, tous les peuples du monde avaient leur chronique de la vie pendant les années de guerre, pas nous. Presque tout le néo-réalisme italien parle de cette période difficile.

Pour ce qui est des Plouffe, *vous ne craigniez pas de décevoir en reprenant des personnages immortalisés par des années de feuilleton télévisé ?*

Là aussi, c'était une sorte d'assurance sur la vie : le casting de Fugère était parfait. Je m'en suis inspiré. Non, ce qui m'a fait le plus peur, c'est *Le crime d'Ovide Plouffe*. Denis et Justine Héroux voulaient une suite aux *Plouffe*, mais il y avait un problème : elle n'existait pas. J'ai suggéré à Roger Lemelin d'écrire d'abord un roman. Il s'est mis au travail et au bout d'une année, il avait terminé. Puis il a récrit les deux cents premières pages, ce qui a exigé un autre six mois.

Denys Arcand a tourné la dernière partie de l'adaptation pour le cinéma et la télévision, moi les quatre premières heures. Ce n'était pas une mauvaise formule, mais tout de même une formule surprenante. *Le crime d'Ovide Plouffe* reprenait les mêmes personnages que le livre et le film précédents, sans toutefois en avoir la profondeur et le côté « sportif » qui m'avaient intéressé. Lemelin avait eu l'idée d'associer Ovide Plouffe à la fameuse affaire criminelle du Sault-aux-Cochons. Ce n'était pas une très bonne idée. Je pensais m'en sortir aisément en tirant vers la comédie, mais il ne suffit pas d'être drôle. Il faut dire quelque chose. Je ne voulais pas non plus trahir un livre, même raté. Le livre contenait tout de même de bonnes choses. Je croyais être assez habile pour surmonter les faiblesses originales, mais je me trompais.

La scène du *Crime d'Ovide Plouffe* que je préfère est absolument innocente. Tout le monde est à la campagne, on fait cuire des frites, les enfants s'amusent sur des balançoires faites avec des pneus d'automobile, bref il ne se passe strictement rien. Ce sont des tableaux de la vie de Québécois, c'est tout. Ça suffit.

La feuille d'érable, que vous avez réalisé en 1971, est votre seule autre expérience d'une série pour la télévision ?

J'ai dû écrire un épisode d'une heure de *La feuille d'érable* en une journée et le tourner en six jours, pour sauver Onyx de la faillite. L'épisode s'intitulait « L'enfer de glace ». J'ai commencé à écrire à midi. À minuit, c'était terminé. J'écrivais le mieux possible, conscient que l'équipe et les acteurs attendaient le scénario. Comme nous n'avions pas d'argent pour construire des décors, nous avons pris un décor pour touristes à Midland, en Ontario, un fort huron dont les piquets étaient vernis. Il y avait des clous de six pouces partout et les ustensiles étaient rivés aux tables pour que les touristes ne les volent pas. J'avais le choix entre me sauver en courant ou jouer le jeu pour que la compagnie survive. J'ai joué le jeu.

Vous travaillez bien sous pression ?

D'ordinaire, oui. Mais là, c'était trop. J'avais tout pour faire quelque chose de bien, de vrais Indiens, de bons acteurs, tout sauf le temps et un bon scénario. Et un bon décor. Que faire ? Comment rendre le plateau vivant ? Que des empêchements. Pas de feu dans les cheminées, pas le droit de toucher aux ustensiles, pas d'eau, rien ! Et puis, rien n'est plus horrible que des paysages de neige et de sapins filmés sans filtres avec les pellicules de l'époque. Les sapins sont noirs, la neige est bleue et le ciel complètement brûlé. Je souffrais parce que, sans argent, on ne peut pas avoir certaines exigences. Dans un film contemporain, on peut toujours s'en tirer, tricher avec ce que la vie nous offre : des bicyclettes, des motocyclettes, des Hell's Angels qui vont prier saint Joseph, des corbillards, des policiers qui arrêtent des innocents, qui tuent des Noirs, etc. Le passé n'offre rien, surtout dans les anciennes reconstitutions historiques de Parcs Canada ! À cet égard, Port-Royal en Nouvelle-Écosse est pire que Sainte-Marie-des-Hurons près de Midland.

Ces deux expériences malheureuses ont contribué à vous désintéresser des séries télévisées ?

Disons que mon goût pour les feuilletons ne s'est pas développé. Ma collaboration à *La feuille d'érable* a été minime, mais elle nous a tout de même permis d'éviter le pire. *Le crime d'Ovide Plouffe* a comblé le déficit des *Plouffe*. Parfois, il faut brûler la maison pour sauver les meubles.

Vous faites preuve de beaucoup de sens pratique.

Je ne l'ai fait que deux fois, pour Pierre Lamy et Denis Héroux, des producteurs que je ne pouvais pas laisser tomber.

Après avoir adapté Les Plouffe, Maria Chapdelaine *et* Le crime d'Ovide Plouffe, *y a-t-il une rupture dans votre approche de la fiction ?*

Je m'étais déjà dit avant de réaliser *La tête de Normande St-Onge* que mes films, même les plus modernes, ne ressemblaient pas à la vie que je menais. Après avoir adapté *Les Plouffe*, dont l'histoire se situait dans le passé, c'était encore plus vrai. Au fond, je n'avais rien d'Ovide Plouffe ni des autres. Je cherchais des personnages moins enfoncés dans notre culture spécifiquement québécoise, davantage liés au monde. Mais c'est difficile, on ne peut pas forcer un changement. Il me semblait souvent que malgré ses succès, notre cinéma — le mien surtout — n'avait pas tenu ses promesses et qu'adapter des œuvres littéraires ne changeait rien à l'affaire. Alors j'ai accepté de faire un long métrage documentaire sur le jeu d'échecs qui m'était proposé par l'ONF, *Jouer sa vie*. L'idée venait de Camille Coudari, un maître international du jeu, et la productrice en était Hélène Verrier. Ce ne fut pas seulement une bonne décision, mais le bonheur total. Nous sommes partis, Camille et moi, sur les traces de Bobby Fischer, d'Anatoly Karpov et de Viktor Kortchnoï à travers les continents. Au retour m'attendait une surprise : l'offre de tourner *Maria Chapdelaine*, un roman que j'aimais. J'ai accepté. Pendant ce temps-là, Roger Lemelin terminait son nouveau roman, *Le crime d'Ovide Plouffe*, pour lequel j'étais déjà engagé.

Trois films d'époque, trois films « épocrites », pour employer le mot méchant que je m'étais forgé à l'époque ! Pendant ce temps, j'observais des personnages plus prosaïques que ceux que je mettais en scène, plus modernes et plus réels aussi : un agronome qui fait des expériences sur les fraises sucrées, une petite femme qui conduit son avion Canadair, un cadet de l'armée... d'où *La guêpe*. La façon dont Chloé conduit l'avion dans le film est juste, mais on a tellement en tête les gestes précipités de Hollywood, ces pilotes toujours en danger qui appuient sur des boutons, qu'on m'a reproché ses gestes lents, une réalité trop peu cinématographique. Je voulais un film d'action méditatif. Moderne ou pas, *La guêpe* a été si mal accueilli par la critique québécoise que certains acteurs en ont biffé le titre dans leur curriculum vitae ! Le film est peut-être raté, malgré tout...

Vous a-t-il mené ailleurs ?

Après *La guêpe*, tous mes films sont différents. La réflexion que j'ai faite sur ce film est sans doute plus importante que le film lui-même. Elle m'a inspiré *Le diable d'Amérique*, un documentaire où je reprends l'idée du vaudou, des sectes qui vomissent Satan, de l'éclair diabolique frappant du ciel... Là encore, nous avons une conception très hollywoodienne du vaudou, de sorte que celui de *La guêpe* paraît faux. Mais c'est le vrai. J'ai travaillé sur ce film dans un esprit scientifique, évitant les contre-plongées habituelles des films d'horreur les effets de lumière sataniques, les gros plans qui distortionnent pour créer la peur, etc. J'ai sans doute eu tort. Il n'y a pas de peuple qui aime les gros efforts, les critiques non plus — moi-même parfois ! Avec *La guêpe*, je risquais le pire et le pire est arrivé !

Vous avez revu ce film après sa sortie ?

Je l'ai revu et il m'est apparu très réaliste. Il semble que ce soit l'un des films qui marche le mieux à la télévision payante. Les gens y reconnaissent les états d'âme de la ville moderne, rencontrent des personnages qu'ils croisent dans la vie quotidienne. J'ai mis dans ce film nombre de choses jamais vues au cinéma québécois, mais pas pour provoquer.

Pourquoi alors ?

Pour des raisons diffuses que je ne connais pas toutes moi-même !

Le constat de ratage, vous l'avez fait dès la sortie du film ou des années plus tard ?

Tout de suite.

Vous croyez que les gens ont été désarçonnés ?

Oui, mais l'idée du film demeure extraordinaire et j'y tiens.

L'idée d'une vengeance ?

Non, l'idée qu'il n'existe pas de gens ordinaires, que chacun a son jardin secret. Que ce ne sont pas les gens qui sont banals, mais la manière de les voir. Pourquoi un agronome ne serait-il pas aussi intéressant qu'un chanteur de rock ? Pourquoi les héros sont-ils tous devenus des super-

112

héros bons pour les machines à boules. Personnellement, je préfère l'agronome au pilote automobile. Celui-ci peut être toutefois plus intéressant que le premier, je l'accorde, mais qu'on m'accorde aussi que le contraire soit possible.

Dans les années quatre-vingt, vous redevenez documentariste.

Je ne me considère pas comme un documentariste, encore moins comme un grand documentariste. Je ne voudrais pas me comparer à Arthur Lamothe ou à Pierre Perrault ou à Chris Marker. Je ne peux que prendre des sujets qui m'intéressent et les décortiquer d'une manière originale. Seul l'amour me conduit comme pour Picasso et Bobby Fischer, ou la peur comme dans le cas du *Diable d'Amérique*!

Dans *Le diable d'Amérique*, avec le directeur de la photographie, Jean-Pierre Lachapelle, nous avons résolu « le problème de la parallaxe verticale », c'est-à-dire trouvé le moyen d'utiliser un miroir pour changer l'image perçue par la lentille! Je ne voulais pas qu'on voie le diable. Le voir, c'était le tuer. Surtout pas recourir à des gravures de diables cornus ou à des images de cinéma du muet. Je voulais que, dans chaque plan, il y ait de petites bizarreries qui passent presque inaperçues mais qu'elles s'additionnent. Je voulais que l'on ait un sentiment d'étrangeté, semer une inquiétude. J'ai donc filmé à travers notre petite invention, changeant parfois la couleur du ciel, mettant un lac où il n'y en a pas, doublant les édifices de Dallas, etc., sans que l'effet paraisse.

À propos du diable, Jean Simard écrit : « Je crois finalement que la poussière va finir par triompher de la ménagère. » Voilà une des phrases les plus inquiétantes jamais écrites par un Québécois.

Vous aimez beaucoup ce genre de phrase surprenante : « Le diable mange des raisins et crache du verre », par exemple. Vous vous êtes déjà moqué de votre utilisation soutenue des cartons dans vos documentaires en affirmant que vous y aviez recours quand vous ne saviez pas quoi faire entre deux scènes.

En fait, les cartons sont prévus au scénario. Dans les publicités à la télévision, on trouve maintenant des cartons partout. On utilise les mêmes trucs que moi dans *La vie heureuse de Léopold Z,* c'est-à-dire qu'on nie par l'écriture ce que dit la voix. On entend : « Est-ce vrai ? Oui ! » Et on voit un gros NON à l'écran. Ce genre d'idée me vient de mon expérience comme artiste graphique.

Vous ne vous considérez pas comme un documentariste, mais vous avez développé un style documentaire très personnel.

Si j'ai un style, c'est bien involontaire. Je procède d'abord d'une façon très intellectuelle, au gré de ma curiosité. Puis je m'entoure de recherchistes très compétents, comme Camille Coudari et Danièle Pigeon. Je peux fouiller un sujet pendant des années puis l'abandonner si je n'ai pas une intuition assez originale pour justifier un film. Dans *Vive Québec !* par exemple, mon intuition me disait de m'intéresser d'abord aux choses physiques, le vent, la couleur, les sons, les formations géologiques, etc. Je ne me suis donc pas intéressé aux dates importantes de l'histoire ni aux grands personnages, que j'ai remplacés par la hauteur des vagues sur le fleuve, les sous-vêtements d'hiver des ursulines ou la nourriture chez les Sauvages !

Prenons le vent. C'est grâce au vent que crée le rétrécissement du Saint-Laurent à Québec que Jacques Cartier a pu remonter le fleuve ; grâce au vent — ou plutôt à son absence certains jours — que les capitaines de vaisseaux pouvaient pratiquer une magie ; grâce au vent si le nombre de drapeaux qui flottent sur la ville est tel ! Faire l'histoire d'une ville à partir d'événements physiques me plaisait. Je ne le savais pas, mais je tombais exactement dans le courant le plus moderne des études historiques, dans la lignée du *Territoire du vide* d'Alain Corbin. Tout ce que je savais, c'est que je ne parlerais que d'une façon accessoire de Mgr Laval, de Frontenac et des autres.

J'ai consacré vingt minutes au vent et dix à la résonance de l'air. Pourquoi y a-t-il tant de cloches à Québec ? Et tant de ténors ? Vingt-cinq ténors y naissent chaque année, avec des voix qui pourraient leur faire faire des carrières internationales. En Bretagne, il n'y en a pas du tout. Zéro. Je m'intéresse aussi au fait qu'on y peint le cadre des fenêtres en rouge comme une femme se met du rouge à lèvres — une invitation à la fête ? En fait, je me suis souvenu d'un mot de Jean Renoir en visite à Québec : « C'est curieux, on a toujours cru que les villes d'Amérique du Sud sont les plus colorées, mais ce sont celles du Nord. » Et c'est vrai. Je pense à Reykjavik, un jeu de blocs de toutes les couleurs. On a le complexe du carnaval de Rio, pourtant Québec est une ville plus colorée que Rio. J'ai donc pris Renoir au mot et j'ai commencé à examiner les couleurs.

Évidemment, on m'a reproché de trop montrer l'hiver, mais l'hiver à Québec est la plus belle chose du monde, surtout quand le fleuve gèle de bord en bord et que les brise-glace ont du mal à ouvrir le passage vers le golfe. Il y a un tourisme de l'hiver à Québec, tourisme dont j'étais souvent avec mon ami Serge Deyglun.

Votre approche du documentaire est plus instinctive que didactique.

L'idée est toujours instinctive. Mais ensuite, je me lance dans une recherche effrénée. Je me pose des questions difficiles et peu documentées. Pourquoi l'histoire ne parle-t-elle pas des femmes ? Parce qu'elles n'ont pas laissé d'écrits. Parce que ce sont les hommes qui ont écrit l'histoire. Alors je fais toujours des rencontres miraculeuses : Hélène-Andrée Bizier pour me parler de notre histoire au féminin, Normand Clermont de la préhistoire et Jean Duberger et Sœur Daigneault du diable et de Dieu. Clermont nous apprend que la région de Québec est habitée depuis cinq mille ans, ce qui fait de Québec une ville aussi vieille que Paris. Une Montagnaise, Thérèse Rock, nous révèle que le mot Québec signifie « venez sur la terre ferme, débarquez », non pas « là où les eaux rétrécissent » comme on nous l'avait enseigné.

Vous arrivez d'où on ne vous attend pas.

C'est ce qui explique peut-être que personne ici n'ait fait de véritable critique de *Vive Québec !* On s'en est tenu aux trouvailles que le film contient. C'est peut-être normal ; lorsqu'on passe à côté de la grande histoire ou qu'on ne l'aborde pas de façon traditionnelle, on risque de paraître superficiel. Mais c'est oublier que je fais intervenir des historiens aussi formidables que Jacques Lacoursière ou un écrivain du calibre de Roger Lemelin. Mes documentaires, je ne les fais pas seul !

116

Votre approche ne risque-t-elle pas de décevoir ceux qui vous ont donné le feu vert ?

Mon film sur Montréal, *Montréal off,* n'a pas plu, paraît-il, au maire Jean Doré. C'est du moins ce qu'on m'a rapporté. Mais à mon avis il a tort : ce qui est petit, nouveau, marginal dans la ville, c'est ça l'avenir. L'arrivée de nouveaux groupes ethniques crée la dynamique des temps modernes. La culture classique des autres — c'est un beau sujet de réflexion — fait la révolution chez nous. Il faut commencer tout de suite à voir la ville autrement. Je le sais parce que je marche beaucoup.

Vous vous dites décidé à montrer la réalité contemporaine, pourtant lorsque vous revenez à la fiction vous optez pour une comédie historique, La postière.

J'ai pris un temps de répit, un peu comme Michel Tremblay lorsqu'il a écrit *La maison suspendue.* J'ai repris mon souffle. Et fouillé ma mémoire. Je voulais d'abord faire une bonne comédie avec un bon dialogue, une comédie des années trente. J'avais remarqué une ressemblance de caractère marquée entre Chloé et ma tante Rosie, postière à Point Comfort, le petit village vivant du commerce du bois sur le lac des Trente et un Milles dont j'ai déjà parlé. Cette ressemblance n'était peut-être qu'une distorsion de ma mémoire, mais qu'importe ! J'ai commencé à écrire. Plus j'écrivais, plus un « passé heureux » me revenait, avec une galerie de personnages : Rodolphe, mon oncle, qui était maire, Franchot Tone, le grand acteur américain, la maîtresse d'école, etc. Assez bizarrement, je n'avais souvenir d'aucun curé. Je revoyais surtout des femmes, toutes intelligentes, sexy, dominatrices et généreuses.

Les femmes ont souvent un rôle dominant dans vos films.

Elles ont un rôle dominant dans ma vie. Celles avec qui j'ai vécu m'ont amené à m'intéresser à des choses nouvelles et différentes. Je dirais des mondes différents. Ainsi, avec Carole Laure, qui aimait et avait vécu western, nous avons mené une vie urbaine, une vie de *snack-bar*, une vie de nuit au cœur le plus pauvre de la ville. Nous avons mangé des hot-dogs pendant six mois — quand même pas tous les jours ! — habitant des hôtels bon marché. Nous étions des itinérants amoureux et nous faisions du cinéma sans faire beaucoup d'argent. C'était formidable. Voilà vingt ans, à Montréal, mener une vie souterraine était encore possible, une vie souterraine dans le sens qu'elle nous menait à des endroits où normalement les intellectuels ne vont pas. Nous trouvions ça sexy, cette vie nous plaisait. Cette existence nocturne, parallèle, m'a inspiré *La mort d'un bûcheron.*

J'avais d'abord inventé l'histoire d'une prostituée qui veut se racheter et qui commence à travailler normalement. Elle est super brillante. Elle étudie un peu, se présente à une caisse pop, y trouve un emploi de caissière, puis gravit les échelons jusqu'à devenir responsable du crédit. Elle se marie avec un courtier financier véreux qui l'introduit dans le monde de la haute finance où elle a du mal à se tirer d'affaires puisqu'elle n'a pas fait les Hautes Études commerciales. Mais elle réalise vite que ce n'est pas nécessaire, qu'elle a été engagée pour son cul, pas pour sa tête. Très bien, elle s'adonne bientôt, avec la complicité de ses nouveaux patrons, à la prostitution internationale. Elle voyage beaucoup, s'amuse beaucoup, fait beaucoup d'argent... mais réalise au bout de quelques mois qu'elle préférait sa

118

première vie, la nuit, sur les trottoirs. Elle y retourne, elle est heureuse de retrouver ses anciennes copines, elle se remet au travail. Elle n'a pas perdu la main, si je peux dire ! Mais ses copines ont changé : ayant fondé une caisse de retraite, elles la nomment gérante et la forcent à en accepter la présidence. D'ailleurs, elle a vieilli. Elle réfléchit... puis se pend ! Carole voulait qu'elle finisse secrétaire générale au Festival des films du monde !

Chloé venait de la campagne, d'un petit village près de Drummondville. Son monde a tout de suite commencé à me fasciner, car elle n'était pas une Québécoise typique. Elle parlait français, mais un français traduit de l'anglais. Elle était protestante, sa famille était baptiste en fait, dans un milieu catholique, ce qui lui a donné une vision du Québec totalement différente de la mienne et de celle de Carole. Son père était fondamentaliste, la Bible était son livre de chevet. Ensemble, nous avons inventé des histoires, dont *La forêt argentée*, que je retiens. Deux chasseurs fondamentalistes (si on tue un chevreuil, Dieu en fournit instantanément un autre !) s'enfoncent dans une forêt étrange et découvrent une jolie fille dans leur lunette de visée. Stupéfaction ! Ils ne tirent pas, pour une fois. Ils questionnent la jeune fille, qui ne sait rien, qui ne se souvient de rien, puis l'amènent en ville dans leur secte, l'Ordre de la vie planétaire, où ils lui refont une mémoire et une éducation. Mais ce faisant, ils profitent de sa beauté au maximum...

Voyez-vous ces femmes comme des muses, des sources d'inspiration ?

Des muses ? Cela reviendrait à dire : « Sois belle et tais-toi, je vais m'inspirer de toi. » Quelle honte ! Je les vois plutôt comme elles sont : des femmes actives qui ont vécu des vies intéressantes bien avant que je ne les connaisse. Chloé avait vécu à Winnipeg, où elle avait travaillé dans un camp d'aviation et appris à piloter un ULM. Carole avait été maîtresse d'école à Saint-Henri sans parler d'Anne Létourneau qui est montée sur les planches à quatre ans. Leur passé m'a beaucoup influencé. Je ne connaissais rien de leur monde.

Après toutes ces années, lisez-vous toujours ce qu'on écrit sur votre travail ?

Je suis toujours en rapport avec la critique, si vous voulez. Mes rapports avec elle sont plutôt sains. Je ne réprouve personne. Toutefois, je n'aime pas quand la démonstration de ce qu'on affirme n'est pas faite, je n'aime pas les opinions. Il faut savoir que toute critique se formule à l'intérieur d'un autre courant de pensée : une morale, une éthique privée, une déontologie de groupe, une utopie sociale ou politique. Elle ne naît pas toute seule, comme ça ! Et il n'est pas innocent que la journaliste soit féministe, le chroniqueur homosexuel ou l'éditorialiste d'extrême gauche. La force des pensées de groupe rend l'objectivité bien problématique aujourd'hui. Il faut lire entre les lignes.

Lorsqu'un de vos films est lancé, vous achetez tous les journaux et vous écoutez toutes les émissions à la radio et à la télé pour savoir ce qu'on en dit ?

Non, je laisse passer un peu de temps.

Avez-vous des rapports personnels avec les critiques ?

Il y a encore quelques années, je me disais qu'il ne fallait pas établir de liens avec eux, que ce serait comme essayer de les influencer, mais maintenant j'ai mis cette peur de côté. Un auteur peut se lier d'amitié avec un critique et lui permettre de dire la vérité sur son travail. De toute manière un cinéaste sait s'il a fait un bon film ou non. Avec *La guêpe*, je n'ai fait ni un bon ni un mauvais film, j'ai fait autre chose, mais quoi ?

À la télévision, il y a un malheur : ça sent souvent la culture toute fraîche, mal digérée. On entend parfois des énormités. Et puis, il y a toujours cette volonté ridicule d'être *in*, parfaitement dans le courant de la mode. Aujourd'hui, une mode dure trois semaines et, comme disait Cocteau, « la bêtise pense publiquement ». Aussi les émissions culturelles permettent-elles parfois d'exercer des vengeances personnelles ou sont l'occasion pour la critique d'exprimer son mépris pour la comédie. Pourquoi avoir descendu *Ding et Dong le film* à ce point ? On tourne des comédies locales et populaires dans tous les pays du monde. Je pense à toutes ces comédies à l'italienne qu'on a descendues partout sans raison, ce qui a tué le genre. Faut-il rappeler qu'à l'époque on ne trouvait pas les films de Laurel et Hardy particulièrement géniaux ? Ils le sont.

En règle générale, la comédie ne triomphe ni à la remise des Oscars ni à celle des Césars ou des Génies.

Jamais. Pour les jurés, ça ne fait pas sérieux, une comédie. Quand on a un film sérieux et qu'on veut remporter des prix, il suffit d'envoyer le film au bon endroit. J'ai gagné suffisamment de prix pour le savoir, entre cent vingt-cinq et cent cinquante prix, ce que je trouve complètement ridicule. La moitié ou les trois quarts de ces prix n'ont été remportés que parce que les films avaient été inscrits au bon endroit, par Jean Lefebvre de Téléfilm Canada ou quelqu'un d'autre. C'est purement stratégique. Ce qui me fait plaisir, c'est le prix inattendu, comme lorsque *Jouer sa vie* a été primé à San Francisco et au London Film Festival, en Angleterre, des festivals qui ne se consacrent pas aux documentaires. Une seule fois j'ai appelé le programmateur d'un festival, Pierre-Henri Deleau de la Quinzaine des réalisateurs à Cannes, pour qu'il sélectionne un de mes films. Je le regrette toujours.

Pour quel film ?

Ah...

Avez-vous obtenu une réponse favorable ?

Non, j'ai eu la réponse que je méritais.

Vous avez beaucoup fréquenté Cannes.

J'y suis allé sept fois, dont trois fois en compétition officielle. Cela crée des amitiés. Assez curieusement, ce sont les communistes qui m'ont accueilli à Paris après Cannes alors qu'au Québec je passais pour un affreux jojo commercial. Là-bas, on me prenait quasiment pour un révolutionnaire, parce que je travaillais à petit budget. J'ai été invité à y rester, mais l'idée d'y travailler ne me plaisait pas. Je craignais toujours, va savoir pourquoi, d'y prendre la place de quelqu'un.

Vous n'avez jamais sérieusement songé aller travailler un temps en Europe ?

J'ai eu des offres pour des films qui ne me convenaient pas. On voulait que je tourne *L'affaire Ben Barka*, un film sur le kidnapping et l'assassinat de l'homme d'État marocain, pourtant je n'y connaissais rien. Il m'aurait fallu des mois de recherches, que j'apprenne tout, que j'aille longtemps au Maroc... Je ne le souhaitais pas à ce moment-là. J'avais trop à faire au Québec. Braunberger, le fameux producteur de la Nouvelle Vague, m'a offert *La chair de l'orchidée* et Claude Giroux m'a proposé *L'affaire Dominici*. Ce dernier m'aurait intéressé, mais il fallait tourner dans un dialecte local, que je ne connaissais pas, et avec un acteur français que je ne connaissais pas davantage, Patrick Bruel. J'ai aussi été invité à tourner aux États-Unis deux ou trois fois. Il y avait alors abondance de projets partout.

L'abondance correspond aux années soixante-dix ?

Aux années quatre-vingt aussi. *Les Plouffe* et *Maria Chapdelaine* m'ont également valu des offres — *Maria Chapdelaine* avait eu treize millions de téléspectateurs en France, un chiffre honorable —, mais on me percevait à tort comme un réalisateur devenu trop cher. On m'a fait des offres par amitié et parce que l'on avait aimé mes films... Un producteur, Jacques Charrier, m'assurait qu'il me réserverait de l'argent pour que je tourne un film sur Paris. Il s'engageait à m'obtenir Brigitte Bardot, à qui il avait été marié. Moi, je voulais bien. J'ai aussi failli faire *Brigitte by Night*, pour les Américains. Il m'est impossible de dire oui à des projets que je n'aime pas. Dire non est plus utile d'ailleurs que dire oui. Si un réalisateur dit oui à tout, il monnaye son talent et ne risque pas de travailler longtemps à des choses intéressantes. Il faut être prêt à attendre.

Revenons aux prix. Vous n'en faites pas étalage.

Non, en fait je les oublie. Un jour, j'ai prêté une statuette Génie à des enfants qui jouaient au ballon. Les petits maudits sont partis avec le Génie ! J'en ai oublié dans des déménagements. À la longue, les plaquettes dorées affichant le nom des prix et votre nom tombent. Et moi j'oublie quelle récompense c'était et pour lequel de mes films. J'en ai une dizaine comme ça que le temps a rendu anonymes.

Espérez-vous un prix lorsqu'un de vos films est inscrit dans un festival ?

Je n'ai jamais combattu pour mes films. Mais je me prête à la promotion parce qu'il le faut. Les festivals sont notre seul tremplin vers le succès, la gloire ou la simple reconnaissance. On ne peut plus programmer un film dans un cinéma avec une simple petite mention dans *La Presse*. Le marketing est maître partout. Je préfère toutefois laisser la parole aux comédiens. Se prêter à ce jeu-là fait partie de leur métier.

Avez-vous l'impression d'avoir tout dit ?

J'ai parfois l'impression de rabâcher des choses, de répéter un vieux discours. De plus, il y a toujours une petite tricherie à vouloir s'expliquer : on invente des idées après coup.

Vous estimez avoir eu plus que votre part de vie publique ?

La notoriété facilite les contacts. Quand j'appelle un producteur à Paris, il me répond dans les cinq minutes. Mais elle ne facilite pas les rapports, qui demeurent toujours incertains.

Avez-vous utilisé cette notoriété pour défendre des causes ?

Oui, mais je préfère ne pas en parler.

Pourquoi ?

C'est ma vie privée. Je n'ai fait que ce que je considérais comme normal, dans ma position. Je paie notamment ma dîme, ce qui n'est pas à la mode. Je ne suis pas croyant, mais l'église Saint-Louis-de-France est à côté de chez moi et ces gens-là font plus de bien que moi. Maintenant, je suis à Notre-Dame de l'île Verte. Par contre, je ne mettrais pas mon nom en évidence dans une publicité quelconque, même pour une cause humanitaire. Les comédiens qui prennent fait et cause pour tout et pour rien m'agacent. Mais il y a une raison à cela. La parole la plus banale dite par une vedette fait le tour du monde. Madonna dit : « J'ai attrapé un rhume cette nuit », ça devient une grippe au Brésil et une pneumonie au Japon. Tout dépend du pouvoir médiatique de chacun. Je n'ai pas ce pouvoir. Malgré toutes les déclarations des vedettes, le sida progresse partout en Afrique.

On ne vous a pas souvent vu marcher pour la défense de telle ou telle cause.

J'ai marché contre le maire Drapeau pour qu'il ne ferme pas les parcs à onze heures. Drapeau n'aimait pas les clochards, moi je les aime bien. J'ai marché aussi pour la loi 101. J'aime beaucoup cette phrase de René Dubos : « Penser mondialement, agir localement. » Je me méfie des gens qui agitent une pancarte à Saint-Zénon pour sauver la métallurgie chinoise. J'ai aussi marché pour la paix dans le monde, sans toutefois beaucoup de conviction : autour de moi tout le monde affichait des visages haineux ! Pourquoi ? Marchait-on pour autre chose que la paix ?

Vous dites la même chose des films. Ils doivent s'ancrer quelque part.

Le cinéma québécois est bien plus formidable qu'on ne veut bien le dire. Pas seulement parce qu'il produit de bons films dans des conditions souvent défavorables, mais parce qu'il a su conserver une grande diversité, peu probable dans un petit pays. Et il évolue, sa dynamique change souvent. Et puis, une bonne partie de notre cinéma fonctionne en marge de la télévision, ce qui n'est pas souvent le cas ailleurs, sauf aux États-Unis. J'en suis assez fier, même si parfois je me sens trop marginal, trop chanceux aussi.

Tous les cinéastes québécois ne se sentent-ils pas marginaux ?

Disons que c'est peut-être un peu plus vrai dans mon cas ! Certains films québécois m'ont transformé, bouleversé, autant que les plus grands films étrangers.

Lesquels ?

Les bûcherons de la Manouane d'Arthur Lamothe. J'ai été bûcheron, j'ai travaillé dans la neige, j'ai mesuré du bois, j'ai travaillé avec la scie à chaîne — pas beaucoup avec la hache, heureusement. Arrive Arthur Lamothe qui réalise ce premier film documentaire dramatique sur les bûcherons, un film où ils ne sont pas en représentation. Ils parlent vrai, tout semble vrai. Il y est question du froid, des chevaux qui se prennent dans la neige, on y chante des chansons espagnoles. Toute la vie d'un chantier est restituée avec une telle précision, et pourtant on ne dit pas : « Tiens, du cinéma vérité. » Les plans sont choisis, voulus : ils sont ordonnés selon une logique profonde. Ils sont mis en scène, finalement, mais dans un esprit nouveau, un esprit qui n'a rien à voir avec l'esprit qui régnait dans les bûcheronneries faites à l'ONF auparavant, où on pouvait voir des bûcherons marchant en ligne vers la cuisine alors que le commentaire disait : « Ayant bien travaillé, tous se hâtent vers la cuisine où une nourriture traditionnelle les attend. » Tu vois le genre !

Lamothe est un Gascon arrivé au pays en 1953. On pense toujours que pour faire un film vrai il faut avoir des années d'expérience du sujet, mais non : c'est presque toujours préférable de le considérer pour la première fois avec un œil neuf. Quand tu le connais trop, tu es « plein d'inattentions pour lui » (l'expression est d'Ennio Flaiano). Mais il faut toutefois avoir un esprit préparé, c'est-à-dire bourré d'intuitions et de talent et dépourvu totalement de préjugés. Arthur a réussi, tout de suite après, un autre film important, pour Gaumont : *Le train du Labrador*. Nous avons collaboré ensuite à plusieurs scénarios.

D'autres films québécois vous ont fait une grande impression ?

Les brûlés de Bernard Devlin et *Les désœuvrés* de René Bail. Ces deux films, pourtant si opposés d'esprit et de facture — l'un tourné avec de grands moyens, l'autre de peine et de misère avec quelques sous — lancent ce qu'on pourrait appeler le nouveau réalisme québécois. Déjà la voie documentaire et la voie de la fiction s'enrichissent mutuellement. Puis il y a évidemment *Pour la suite du monde*, pas tant à cause de ce que le film dit qu'à cause de sa beauté. C'était l'aboutissement du direct, formule de tournage qui allait faire finalement le bonheur de la télévision. Cette récupération m'a beaucoup frappé. Quand on menace de fermer l'ONF, je pense à ce film : seul l'ONF pouvait le produire. Si on exclut le travail de Marcel Dubé, Radio-Canada ne produisait que des choses médiocres, pseudo-réalistes. À l'ONF, je pense aussi à l'équipe d'animation. Depuis McLaren, l'ONF a fait de l'animation un art original, qui se distingue de ce qui se fait ailleurs dans le monde. *Cartoons*, l'encyclopédie du dessin animé de l'Italien G. Bendazzi, lui consacre une place importante.

Parlons de l'ONF. J'ai toujours admiré la manière dont Roger Blais, appuyé par Raymond Garceau et Bernard Devlin, a pu promouvoir la création d'une section française dans un milieu très anglophone. La bataille s'est faite autour d'un film tourné à Québec, dont Roger Lemelin avait écrit le scénario : *L'homme aux oiseaux*. Ce film, produit en 1952, n'a qu'un défaut, il est trop court. Il faisait la preuve malgré tout qu'un cinéma de fiction en français était possible, que tout était en place pour ça à l'ONF. Mais ce cinéma ne s'est pas fait avant 1962, dix ans plus tard. Et encore, il a fallu tricher un peu, allonger de courts documentaires et ajouter des acteurs, utiliser des décors naturels — sauf pour *Le festin des morts* — et se contenter de budgets ridicules. Trois ou quatre longs métrages et puis toute la machine s'est bloquée : retour au documentaire du genre « L'après-midi d'un saumon sur la rivière Fraser ! »

Lorsque dans les années soixante la moitié de l'équipe française de réalisation, dont Pierre Patry, Denys Arcand, Arthur Lamothe, Jean Dansereau, Gilles Groulx et moi-même, a quitté l'ONF, on pouvait croire que la direction s'arrachait les cheveux, qu'elle en était catastrophée, comme toute compagnie qui verrait tout à coup la moitié de ses effectifs décimée, mais non ! Pas du tout ! La direction paraissait contente. « Merci ! Au revoir ! » J'ai toujours soupçonné que ce départ massif des têtes pensantes était, sinon voulu, du moins souhaité par les gens du gouvernement à Ottawa, à qui le côté libertaire de la fiction — quoi ! des comédiennes nues dans un espace gouvernemental ! — faisait peur. Et je le pense de plus en plus : dans un petit documentaire on pouvait toujours réparer les outrages à la bonne morale politique au montage, mais pas dans une fiction longue où tout se fait plan par plan, au gré du cinéaste.

Plus grave encore, la section anglaise commençait à être contaminée. Donald Owen avait déjà réalisé *Nobody Waved Goodbye*, une fiction, et *Notes for a Film about Donna & Gail*, une semi-fiction. Le mouvement prenait de l'ampleur. Où était le bon temps où les réalisateurs anglophones respectaient leur mandat : « Faire connaître le Canada aux Canadiens et aux étrangers » ? Surtout que la plupart niaient, fils d'immigrants, le fait français en

Amérique et ne s'intéressaient pour ainsi dire qu'à ceux qu'ils appelaient « les premiers arrivants », les Indiens et les Esquimaux. Où était le bon temps des séries inoffensives comme *Passe-Partout* ou *Profils et paysages* ? Ou même de *Panoramique*, des séries de films télévisés axés sur la dramatisation des problèmes ?

Je n'ai pas mis les pieds à l'ONF pendant onze ans. Une période de sujets utiles s'est ouverte, qui a donné *L'école des autres*, *La Petite Bourgogne*, *Urbanose*, *Urba 2000*, *Les héritiers de la violence*... vous voyez le genre. (Encore récemment, j'ai reçu un double feuillet publicitaire où l'ONF offre des films qui sauront « vous divertir et vous informer ».) Il fallait faire le contraire ! Oublier ce genre de mandat ridicule qui est celui d'aider le peuple à comprendre, comme si le peuple ne comprenait pas mieux les choses que les gens de l'ONF ! La seule idée cinématographique qui tienne, c'est celle du cinéma.

Tout de même, un documentaire a toujours un sujet, qu'il relève ou pas de la bonne conscience !

S'il faut à tout prix avoir un sujet, qu'on prenne l'amour, la sensualité, la servitude chez les acteurs et les *waitresses* !... Des sujets larges, ouverts, illimités. Je pense à *Taureau*, de Clément Perron, où il y a des scènes d'une grande sensualité, comme il n'y en a pas eu depuis dans le cinéma québécois. Au *Déclin de l'empire américain*, à *Un zoo la nuit*, au *Party*, à *Cruising Bar*... des films dans lesquels l'ONF a investi dans les années quatre-vingt. Tous des succès ! Et puis plus rien ! L'histoire se répète, faute d'avoir eu une politique de films de fiction cohérente après les premiers succès des années soixante. C'est triste et tragique.

Car un des rôles du gouvernement, c'est de protéger la diversité, de faire contrepoids à l'industrie privée et à la télévision. Que fait la télévision ? Elle nous dit comment faire un sandwich, quel livre il faut lire cette semaine, quel groupe danse le mieux, quel chanteur est à la mode. Elle écoute les lamentations des gens d'une manière qui frise le charlatanisme, c'est-à-dire d'une façon ponctuelle, sans suivi. Où il faudrait quinze années pour guérir une névrose quelconque, on en parle pendant quinze minutes ! Et on croit servir le peuple !

Partout aujourd'hui — et l'ONF y revient toujours, cette fois avec l'écologie — les communicateurs se croient investis d'une mission : donner la culture, l'information au peuple. Contrairement à ce que tout le monde croit, l'information ne passe pas. Si on interroge les gens dans deux ans sur l'information qu'ils reçoivent aujourd'hui, il ne restera rien. C'est ce qui se perd le plus vite. Il ne faut pas croire qu'une idée est vraie parce qu'on l'exprime publiquement. Parce qu'elle est généreuse, il ne faut pas croire qu'elle est bénéfique. Revoyons *Viridiana* de Bunuel ! Je crois au droit de ne pas être informé.

Il y a des images que vous préféreriez ne pas avoir vues, des informations que vous auriez souhaité ne pas recevoir.

J'ai rêvé pendant des nuits à cet autobus d'enfants qui avait explosé au Portugal, à ces mains déchiquetées... Ces images m'affectent beaucoup plus que les paroles. Pourquoi me transmettre de telles images d'horreur quand je vais au lit ? Aussi, je regarde de moins en moins le téléjournal. Personne ne parle de censurer le téléjournal, ce serait priver les gens de liberté. On s'en prend plutôt à Hollywood, aux films américains et au cinéma finalement. Pourtant, la violence ne devrait être permise qu'en fiction.

Une fois encore, au nom du « chemin secret du cinéma », vous êtes prêt à défendre tous les films américains, peu importe leur violence.

Je défends la représentation de la violence. Je suis sûr, sans avoir de preuves toutefois — peut-il y en avoir ? —, que l'enfant ne reçoit pas la violence comme on le croit et que ce contact avec la violence le prépare à vivre mieux, adulte.

Vous sentez-vous une responsabilité lorsqu'on vous donne la possibilité, les moyens de faire un film ?

Oui, mais je ne tourne pas des films à problèmes ou à sujet unique. J'estime que ce genre de production convient mieux à la télévision en direct. Je ne vois pas où est l'intérêt pour l'ONF aujourd'hui de tourner des films sur les méfaits de la chirurgie plastique ou les problèmes des gays. L'Office veut-il paraître « politiquement correct » ? Ça serait moins grave si on avait de l'argent pour faire aussi des longs métrages de fiction, longs métrages qui enrichiraient notre imaginaire collectif, sans chauvinisme et sans souci de bien paraître.

Vous ne cherchez pas à être un cinéaste officiel.

Je le répète, je ne veux pas chanter la beauté du pays, ni la beauté de sa culture, ni faire l'apologie de notre identité nationale. Le cinéma ne doit se mettre au service de personne, d'aucune pensée, surtout les pensées de groupe.

Faire le jeu des pensées de groupe, que ce soit celles des féministes, celles des producteurs de lait ou celles des gays, c'est faire le jeu de la morale ambiante, de la réflexion banale et, finalement, le jeu de la réaction. À force de documentaires bien pensants, on est en train de se faire un imaginaire en papier mâché. Heureusement qu'il y a eu une grande époque, au temps des *Bûcherons de la Manouane*. *Voir Miami* de Gilles Groulx est une sorte de chef-d'œuvre et son *Golden Gloves* est absolument magnifique. Puis Gilles Groulx prend un virage officiellement politique. Erreur : son *Entre tu et vous* est un film raté. *Au pays de Zom* aussi. Dans *Le chat dans le sac* tout est mieux, mais il aurait fallu gommer le discours journalistique : pourquoi toutes ces questions sur l'indépendance du Québec et l'identité québécoise ? Elles me laissent absolument froid. Je ne crois pas que le discours politique soit bien adapté au cinéma, et cela pour cette simple raison que tout est politique. *Golden Gloves* est plus politique que *Le chat dans le sac*, en tout cas moins réducteur.

Deuxième partie

LA MANIÈRE, OU UN ORDRE
MOINS APPARENT DES CHOSES

Michel Coulombe : *Quel est l'aspect de votre travail que vous préférez ?*

Gilles Carle : Le travail sur le plateau. C'est là que le film se réalise, dans le vrai sens du mot. Plusieurs réalisateurs n'aiment pas le tournage, comme Alfred Hitchcock et John Ford, et j'ai beaucoup de difficulté à les comprendre. Jean-Claude Lauzon m'a dit qu'il détestait tourner, qu'il voudrait seulement écrire. Je ne crois pas qu'il soit sincère.

Sur le plateau, qu'est-ce qui retient d'abord votre attention, les comédiens ou la technique ?

Pas la technique. Si je tourne en décor naturel, j'arrive très tôt, je regarde, j'observe. Je me demande comment faire vivre ce décor avant que les comédiens n'arrivent. Je cherche à le rendre dynamique, parce que c'est toujours le décor, la maison, la rue, la rivière, le pont, le soleil, qui impose la mise en scène. Il faut s'adapter. On peut décider complètement d'une mise en scène en studio, pas en extérieur. Après, je m'occupe des comédiens.

Donc, vous ne découpez pas chaque plan, vous ne les dessinez pas minutieusement comme certains...

Je fais des dessins pour les plans clés du film. Si la caméra doit saisir en gros plan un objet particulier, une sonnette d'alarme, un couteau, un œil à travers un petit trou dans le plâtre du plafond, il faut très bien définir ce plan, comme d'ailleurs Alfred Hitchcock le faisait. Un travelling aussi doit être réglé au millimètre. Pour le reste, j'aime improviser. En général, je crois que le plus important, c'est le choix de la lentille — les lentilles ne rendent pas toutes le même effet dramatique — et l'angle de prise de vue. Plus tard, au montage, si un plan ne va pas dans le film, même s'il est génial, je le jette. Par contre, je garde un mauvais plan qui s'insère bien. Je ne suis pas un réalisateur complaisant.

Vous faites plusieurs prises ?

Peu, en règle générale, mais il m'est arrivé d'en faire plusieurs par obstination. Au montage, malgré tout, j'ai presque toujours utilisé la première ou la seconde prise.

Accordez-vous beaucoup d'importance au choix des lieux de tournage ?

Tant que je n'ai pas trouvé l'endroit où je suis à l'aise, je ne tourne pas. Chaque fois que j'ai tourné malgré tout, j'ai fait une erreur. Je suis comme le taureau qui rentre dans l'arène : je cherche un endroit qui me rassure pour des raisons inconnues, je m'immobilise. Il faudra des banderillos pour me faire bouger, que ce soit à cause de la configuration des choses, de l'odeur ou des arbres... peu importe. L'endroit doit toujours avoir une qualité dramatique. Si j'aime cet endroit-là, je me dis que cinq cent mille personnes l'aimeront peut-être aussi. En tournant *Red*, j'ai fait l'erreur de choisir quinze ou trente lieux de tournage le long d'une même autoroute pour m'apercevoir finalement qu'à la caméra c'était partout pareil.

Depuis, j'aime m'installer à un endroit où la nature est très variée et y tourner tout mon film. C'est vrai pour *Maria Chapdelaine*, *La vraie nature de Bernadette* et *La guêpe*, comme pour les deux longs métrages que je viens de tourner dans le Jura, *Le sang du chasseur* et *L'honneur des grandes neiges*. Tout ce dont j'avais besoin existait dans un rayon de dix kilomètres, même la toundra et une mine de soufre.

Vous préférez les lieux réels aux décors ?

J'aime installer mes décors dans un milieu réel, avoir les pieds dans la boue, subir la pluie, etc. Le studio manque d'imprévus. Il y a moins d'excitation. C'est le parlant, le son qui a obligé les producteurs à construire de vastes auditoriums insonorisés, à cause de la mauvaise qualité des microphones et des bruits extérieurs. Un bruit d'avion dans un film d'époque, ce n'est pas très intéressant. Maintenant, avec les moyens qu'on a — filtres acoustiques, micro directionnels et postsynchronisation —, ça n'a plus de sens de faire des extérieurs en studio. Tourné en studio, *Jurassic Park* de Steven Spielberg m'apparaît comme un film pauvre malgré l'ampleur de son budget. Il n'y a qu'une seule atmosphère, bleutée et brumeuse. Ça sent le décor. Les comédiens sont souvent en carafe, faute d'espace. Le studio, c'est merveilleux pour les films comme *Superman* ou *Batman*, qui s'inspirent de bandes dessinées.

Vous avez souvent eu d'heureuses surprises en extérieurs ?

Pour *Les mâles*, j'avais envoyé une équipe à six cents milles au nord du Québec, avec mission de filmer un orignal tué par une flèche. Ils n'y sont jamais arrivés. Moi, je tournais à Saint-Zénon. Un matin, un orignal est apparu en trottinant sur le plateau, sous l'œil même de la caméra. Il a traversé tout le décor, bu un peu d'eau du ruisseau puis est allé s'installer bien en vue près d'un arbre. On se rapproche et à ce moment, sans avertissement, quelqu'un du village a pris une carabine et l'a tué. On s'est quand même servi de l'orignal pour tourner la séquence où Donald Pilon et René Blouin, Saint-Pierre et Sainte-Marie, sont assis sur lui et lui parlent à l'oreille. Il bouge encore ! Sur un plateau extérieur, quand il se passe des choses fortuites, je crois que Dieu collabore ! Dieu, on le sait, est le plus grand metteur en scène. Meilleur que Fellini, c'est tout dire !

Ce que vous dites correspond exactement aux propos de Fellini qui estimait que tout venait nourrir son tournage. Au tournage, vous récupérez même les curieux, comme dans La postière.

Je filme presque toujours les gens qui viennent voir le tournage. Je n'interdis jamais l'accès au plateau — quelle horreur ! —, tout le monde peut venir, regarder, me donner des conseils... à moins qu'il n'y ait danger. Et quand on présente les *rushes* dans un cinéma de la région,

tout le monde est invité, même s'ils ne sont pas syn-
chronisés.

Vous montrez des rushes *à des gens qui ne connaissent pas le
cinéma !*

Ils comprennent très vite. Il n'y a pas de mystère. Et ils
sont contents de voir comment ça se passe. J'aime leur
présence, elle me rassure d'une certaine manière. On pense
toujours que le cinéma est trop compliqué et trop mystérieux pour les gens qui n'y connaissent rien. C'est faux,
évidemment. La technique de cinéma, c'est de l'enfan-
tillage. Un enfant de cinq ans, je le répète, peut comprendre en peu de temps la synchronisation du son et de
l'image, le déroulement de l'image, la nécessité des lentilles.
Les questions que posent les néophytes après le visionnement de *rushes* sont toujours très sensées. Au cinéma, le
plus difficile, ce n'est pas la technique, c'est de saisir le réel.
Ça c'est autre chose ! Pourquoi enseigne-t-on toujours le
contraire ? Que la technique est difficile et la réalité facile.

*De la même façon que vous affectionnez les imperfections, sur
le plateau vous êtes stimulé par l'imprévisible, par la possibilité
que la réalité puisse vous surprendre.*

L'imprévisible, ce que la vie m'apporte, voilà ce qui enri-
chit le film. Si le comédien principal arrive sur le plateau
en mauvais état — disons qu'il a passé la nuit chez une
maîtresse insatiable qui griffe —, je vais parfois modifier la
scène à tourner. Il m'est même arrivé de changer complètement une scène, comme la scène de la pluie de fruits
et de légumes sur l'autoroute de Trois-Rivières dans *La*

vraie nature de Bernadette. Le plus souvent, je change de tonalité ou je modifie un peu le dialogue, pas plus.

Vous vous sentez libre de bouger, même sur une grosse production comme Les Plouffe *?*

Pour moi, il n'y a pas tellement de différence entre une grosse production et une petite. Je travaille peut-être moins sur une production comme *Les Plouffe* que sur *L'ange et la femme.* Guider vingt-cinq assistants pour orchestrer la procession des *Plouffe,* c'était plus facile que de régler une petite procession tout seul. Plus un film est gros, d'ailleurs, plus la production s'organise comme à l'armée, avec ses caporaux, ses sergents-majors, ses francs-tireurs, ses indicateurs, ses cuisiniers, etc. Les choses ont tendance à se faire d'une façon plus efficace.

Il peut sembler plus difficile pour le réalisateur de changer d'idée à la dernière minute, de transformer une scène ou de modifier un dialogue pendant que deux cents personnes attendent. Ça semble logique, pourtant, ce n'est pas le cas. Il y a une loi, une prescription secrète sur un plateau : plus on a pris du retard dans la journée, plus la vitesse s'accélère vers la fin. Ça m'a toujours impressionné de la part d'une équipe ce changement de rythme volontaire. Il y a, paraît-il, des producteurs et des réalisateurs qui l'exigent, qui tournent, qui font des menaces. C'est inutile. La même loi s'applique aussi pour la semaine. Une équipe peut faire des miracles de rattrapage. Sur *L'honneur des grandes neiges,* j'avais pris environ trois jours, trois jours et demi de retard. J'ai rattrapé ce retard en une journée.

Vous avez la réputation d'être colérique sur le plateau.

On m'a fait cette réputation lorsqu'on a tourné *Apocalypse Carle*, un documentaire de trente minutes sur le plateau de *Maria Chapdelaine*. On m'y voit, par hasard, faire deux ou trois colères. L'une d'elles durait dix minutes. Elle n'était pas dirigée contre les techniciens ou contre les comédiens, mais contre des machines à fumée en mauvais état. Les patentes en mauvais état me rendent fou, que ce soit une auto, un fumigène ou la caméra. Et comme, à la télévision, on préfère montrer un réalisateur en colère plutôt qu'un réalisateur assis, qui attend, ou qui réfléchit, chose peu dynamique, et que les différentes chaînes repassent toujours la même séquence, ça m'a fait passer pour un type incontrôlable. Même les télévisions allemande et française l'ont diffusée ! La réalité est tout autre. Bien sûr, il y a *Les Plouffe* où j'ai créé beaucoup de difficultés à Justine et Denis Héroux en dépassant le budget. Mais je crois qu'ils ne regrettent pas l'aventure. Ni le film. Je ne fais jamais, ils le savent, de colère par caprice ou mauvaise foi, mais toujours pour maintenir la qualité du film.

Elles correspondent à un certain goût du spectacle ?

Pas du tout. Il y a toujours un peu de vrai dans une réputation ou une rumeur !

Aussi y a-t-il un fondement à cette réputation.

Je dois avouer que mes petites colères sont paradoxales. Ce qui me fâche, ce n'est pas un homme de métier qui prend du temps, mais un amateur qui va trop vite. Un comédien qui répète devant un miroir. Trois marches d'un décor qui ne sont pas de la même largeur — j'ai un petit problème d'équilibre. Quelqu'un qui me raconte un autre film pendant que je tourne ! Mais surtout : un *walkie-talkie* qui se met à grésiller pendant une scène d'amour — et ceux que ça fait rire. Ce n'est jamais le cas du public ou des professionnels. Ceux-ci donnent parfois l'impression qu'ils n'y arriveront jamais mais, au moment de tourner, tout se met en place naturellement.

Vous avez travaillé avec plusieurs directeurs de la photographie. Savez-vous toujours très précisément ce que vous attendez d'eux ?

Pas toujours. Dans certains cas, il faut laisser le directeur de la photographie libre, parce qu'il sait très bien ce que le réalisateur veut. Il risque de se dépasser. Par exemple, dans *Fantastica* je pensais très précisément à Magritte et François Protat le savait. Il avait lui-même une grande connaissance de ce peintre. Je n'aurais pu que troubler son travail, dans lequel on retrouve une lumière, une coloration Magritte. Mais le budget du film était trop petit. Il nous aurait fallu un décor aussi spectaculaire que celui que Ridley Scott a fait construire pour *Alien*, pour que *Fantastica* ait l'aspect visuel recherché. Le film comptait, je crois, une dizaine de spectacles sur scène et chacun exigeait un éclairage nouveau. Tu peux t'imaginer la rapidité de tournage... et t'expliquer pourquoi il y a des trous. Pour le paradis artificiel du vieil écolo, joué par Serge Reggiani, je voulais des géraniums à perte de vue, des érables multicolores par milliers sur fond de nuage de Magritte, un verger infini et

144

en fleurs... bref, un paradis qu'on pourrait reconstituer aujourd'hui avec des images synthétiques.

Ne saviez-vous pas dès le départ que vous n'aviez pas suffisamment de moyens ?

Je demeure naïf, je me dis : « L'argent va venir. » L'argent ne vient pas toujours. Guy Fournier, qui produisait le film avec Aimée Danis, se battait pour me donner plus de moyens, mais je les étouffais par des exagérations. Et je dois dire que le scénario n'était pas tout à fait au point. C'est bien de partir avec une idée grandiose et d'inventer complètement un monde, mais encore faut-il avoir une idée précise de ce qu'on veut. L'idée de *Fantastica* était celle-ci : seules les choses ordinaires sont fantastiques et les choses fantastiques qu'on nous montre partout sont d'un ennui mortel ! Encore faut-il le prouver ! Un peu comme Renoir l'avait déjà fait dans *Le carrosse d'or*.

Vous parliez de Magritte à votre équipe comme d'une référence ?

François Protat, Jocelyn Joly, Carole Laure, tout le monde connaissait et aimait Magritte. Le film est un hommage à Magritte. Si quelqu'un regardait le film sous cet angle, il pourrait l'aimer.

Vous avez aussi rendu hommage à Picasso dans un documentaire.

Picasso est un plus grand peintre que Magritte, mais il joue moins bien avec les effets de couleurs et d'optique. Et mieux avec les lignes. Tout de même, Magritte est l'un des plus grands peintres du siècle. Je crois Cocteau quand il dit : « La ligne courbe est une ligne toujours en danger, c'est pour ça qu'elle est plus belle. » La ligne sinueuse est une ligne qui se débrouille... comme moi !

Vous êtes un optimiste ?

Comme certains peintres naïfs. J'ai un tel souci du détail que l'ensemble peut paraître défectueux. Ça ne me gêne pas. Chez le Douanier Rousseau, chaque feuille est peinte à la perfection, chaque feuille, chaque objet avec une précision microscopique, mais l'ensemble a l'air irréel, comme chez les peintres hyper-surréalistes. Ça me plaît ! Aujourd'hui, je ne tournerais pas *Fantastica* dans les mêmes conditions, mais je dois avouer qu'il y a des choses qui me semblent toujours extraordinaires. On pourrait en extraire les shows et les vendre en cassette, par exemple. Ça me ferait plaisir !

Vous admettez régler mille détails, mais perdre de vue l'ensemble.

Nathalie Petrowski m'a dit un jour que j'avais un esprit circulaire, mais que je retrouvais toujours le fil de mes idées. Ça doit être vrai.

Écrivez-vous en pensant à des acteurs ou ne vous posez-vous cette question que plus tard ?

Pour ce qui est de la vedette féminine, c'est réglé dès le début. Pour les autres personnages principaux, quand je les ai choisis, je récris le rôle pour eux comme je l'ai fait pour Denise Filiatrault quand je préparais *La mort d'un bûcheron*. J'avais d'abord offert ce rôle à une comédienne formidable, Dyne Mousseau. Elle m'avait répondu que ça l'embêtait de tourner en québécois. C'était son droit. J'ai récrit le rôle pour Denise Filiatrault. Dans le même film, Willie Lamothe fait exception car j'ai songé à lui dès le départ. En fait, je ne pouvais imaginer toucher au monde du *country-western* québécois sans avoir recours à lui. Il tenait déjà le rôle d'un facteur dans *La vraie nature de Bernadette*. Willie, acteur génial, m'ouvrait des portes : le club Rodéo, à Montréal, le festival western de Saint-Tite. Tous les acteurs, d'ailleurs, m'apportent quelque chose de leur monde ; c'est souvent ce qu'ils sont qui emporte ma décision. Carole Laure venait de Shawinigan, autour de l'usine Belco, une usine de papier, comme le personnage qu'elle interprète dans *La mort d'un bûcheron*. Le rôle de Charlotte Juillet convenait très bien à Pauline Julien, puisqu'il renvoie au monde du spectacle, à la littérature.

Il m'arrive parfois de choisir un acteur plus vieux ou plus jeune que celui que j'avais prévu, alors je fais des retouches. Les acteurs le savent et ils aiment ça. J'avais écrit les rôles des Lachapelle Brothers du *Viol d'une jeune fille douce* pour les trois frères Arcand : Bernard, Denys et Gabriel. Je ne les connaissais pas bien, mais il me semblait qu'avec trois vrais frères ce serait mieux. Malheureusement, Bernard était à Londres, Gabriel n'était pas libre, et Denys avait commencé à réaliser. Alors j'ai cherché des remplaçants : j'ai trouvé les frères Pilon. Tout de même, je me demande encore ce qu'aurait donné le film avec les frères Arcand. Aurait-il été très différent, meilleur ?

Comment avez-vous découvert Daniel et Donald Pilon ?

Mon assistant, Arnie Gelbart, m'avait organisé un rendez-vous avec eux au Yacht Club, rue Sainte-Catherine. J'ai eu un choc : ils correspondaient exactement aux frères que je cherchais. Donald m'a dit : « Ce que tu nous décris là, on peut te le faire, pas de problème. » Daniel a enchaîné : « À la perfection. » Je me souviens encore de leur ton ironique. Ils avaient ce côté cool, distancié, que je voulais, ce côté impassible des cowboys de mon enfance. Donald me rappelait Buck Jones, que j'aimais beaucoup ainsi que son cheval Silver. Ce pauvre Buck Jones est mort dans l'incendie d'une boîte de nuit. Je ne sais pas ce qu'il est advenu du cheval.

Les frères Pilon rêvaient-ils d'être acteurs ?

Je crois que oui. Je me méfie des acteurs qui disent qu'ils n'ont jamais voulu être acteurs, parce que je crois que tout le monde rêve d'être un acteur un jour ou l'autre. Eux comme moi, qui rêvais, enfant, d'être Spy Smasher, Superman ou Flash Gordon. La distribution du *Viol d'une jeune fille douce* était assez étonnante pour l'époque, mais elle correspondait selon moi à ce que les sociologues appelaient « la nouvelle faune » montréalaise, faite, comme disait ma cousine Gilberte, de « toute sorte de monde ! » Le casting de ce film m'a amené à constater que les gens confondent souvent le jeu d'un acteur avec le degré de sympathie qu'ils éprouvent pour lui. Ils aimaient moins l'acteur juif et la jeune hippie !

Vous est-il arrivé de reporter un tournage parce que vous teniez à tel acteur ?

Pas besoin. Chaque tournage est d'ordinaire à ce point retardé que les choses finissent toujours par se régler d'elles-mêmes !

Vous avez travaillé à l'occasion avec des acteurs amateurs.

Oui. Et je me disais, pour m'excuser, que les amateurs aideraient les professionnels et que les professionnels aideraient les amateurs. Ce qui est un peu vrai. Mais l'amateur ne peut pas défendre un rôle consistant très longtemps. Il ne peut souvent jouer que lui-même, et pas dans ses grands moments d'émotion ! J'aime beaucoup les gens de cabaret, les chanteurs, les animateurs, les acrobates, les gens pour qui jouer n'est pas le premier métier. Je les utilise souvent, sauf peut-être les animateurs de télévision que j'appelle les anges en extase, ceux qui s'extasient tout le temps sur tout — le gros lot, la chute des feuilles, le dernier bébé né à Sainte-Justine, le grand voyage des handicapés en Inde, la petite boule qui tombe sur le gros sept, etc. Mais j'ai sans doute tort. Je vais recourir à leurs services pour *Pudding chômeur*, mon prochain film. L'extase, comme métier, ça peut être fabuleux !

Vous avez, vous aussi, fait de la télévision et parlé de tout, à La bande des six.

Je n'étais jamais satisfait de moi-même. J'avais toujours l'impression de devoir couper ce que j'avais à dire alors que personne ne me coupait vraiment. La formule me mettait mal à l'aise, je n'avais aucun métier. J'aurais souhaité parler de l'impressionnisme pendant une heure et j'avais neuf minutes. Le temps d'une opinion, d'une impression. Mes collègues y étaient habitués, pas moi. C'est mon côté indien — algonquien —, je peux parler des heures parfois et puis me taire pendant six mois. J'aime bien faire la démonstration de ce que j'affirme, en tout cas.

Quelques années après la sortie tumultueuse de La guêpe, *il fallait une certaine foi en la critique pour accepter de vous joindre à cette émission et pour tenir, régulièrement, une chronique sur le cinéma dans* L'actualité,

Je n'ai jamais été contre la critique, pourtant on a cru que je l'étais. La critique a un défaut étonnant. Quand elle voit quelque chose de différent, de totalement différent, elle ne voit rien du tout. À la sortie de *La guêpe*, on m'a attaqué, assez vicieusement parfois, en regrettant que j'aie changé et en affirmant qu'il faudrait que je revienne à mon véritable talent. Pourquoi toujours ramener un cinéaste à ses anciens films ?

Qu'est-ce qui vous intéresse chez ces gens qui ne sont pas d'abord des acteurs ?

Aujourd'hui, l'acteur est partout et, si j'ose dire sans blesser personne, fait un peu n'importe quoi. Il est animateur à la télévision, joue dans un feuilleton, puis au cinéma, fait même du théâtre expérimental. C'est une nouveauté. Au début du siècle, quand elle avait joué deux jours de suite, Sarah Bernhardt se reposait une semaine. Jean Beaunoyer, critique de théâtre à *La Presse,* dit d'eux que ce sont les derniers croyants, ce qui est juste. Quoi qu'ils fassent, où qu'ils soient, ils y croient. La société leur demande d'être polyvalents à l'extrême, ils le sont, ce qui est peut-être mauvais pour le cinéma et dommage pour le théâtre, mais formidable pour eux. Ils ont acquis un côté bouffon du roi qui m'énerve, mais qui leur est sans doute naturel. Je préfère le style Gary Cooper, le style Alan Ladd, que voulez-vous !

Pourtant, je leur fais confiance. Il n'y a personne de plus misérable qu'un acteur qui perd la confiance de son metteur en scène ou de son partenaire. Cette confiance, il y a droit, sinon il se venge de tout : des punitions que sa mère lui a imposées quand il était petit, du contrat qu'il a raté à Hollywood, d'un voyage à Paris qu'il a dû annuler ou des producteurs qui l'ont mis à la porte. Comme metteur en scène, si on les comprend, on peut utiliser ces vengeances, les récupérer dans telle ou telle scène du film, mais à condition que la confiance revienne. C'est au moment de choisir les acteurs que le sort d'un film se décide.

Vous y mettez beaucoup de temps ?

Beaucoup. Tous les trois films ou à peu près, j'explore un monde différent, donc j'essaie de trouver des acteurs différents ou de transformer ceux avec qui j'ai déjà travaillé. Et j'y trouve beaucoup de plaisir. J'aime les acteurs, mais je les hais tout autant. Impossible de discuter avec eux, ils défient tout le temps les lois de la logique. Et le plus fâcheux, c'est qu'ils ont presque toujours raison ! Sans réfléchir, dirait-on, comme si Einstein pouvait arriver à sa fameuse équation $E=Mc^2$ sans étudier la physique ni les maths ! Comme les femmes, ce sont des êtres capables du pire et du meilleur.

151

Claude Sautet affirme qu'il les déteste tous, sauf un — lequel ? Il les prétend sans culture, capricieux et déraisonnables, ce qui est évidemment souvent le cas. Mais en vérité, ils ont une façon différente d'absorber la réalité, façon qui fait d'eux des acteurs justement. Où je peine, eux triomphent. Car moi, selon eux, j'ai perdu mes vertus d'enfant. Alors j'analyse. Comme dit Cocteau : « C'est beau d'analyser un poulet, mais en fin de compte il faut le manger. » Quant à Claudel, il disait quelque chose comme : « À quoi ça sert d'écrire un livre sur les effets de l'alcool, il suffit de boire un gros flacon de gin, on comprend. »

Vous n'auriez pas fait un bon acteur ?
Non.

Vous manquez d'abandon ?
Je me sentirais ridicule.

Vous a-t-on déjà offert des rôles ?
Quelques fois. Françoise Loranger voulait que je joue dans sa série télévisée *Sous le signe du lion*. André Forcier m'a offert un rôle dans je sais plus quoi. À Toronto, on m'a déjà offert un rôle de chef d'orchestre dans une annonce Scott Paper, pour prouver qu'il s'agit du plus absorbant des essuie-tout. J'ai refusé, je n'utilisais pas ce papier ! Je n'ai jamais accepté, ou plutôt oui, une fois, mais le film ne s'est pas fait. Au fond, jouer ne me procure aucun plaisir.

Croyez-vous que cela aurait pu servir votre travail de metteur en scène ?

Non. Je dis que je n'aime pas les acteurs, mais c'est souvent leurs professeurs que je n'aime pas. Un peu comme Marilyn Monroe avec son professeur, Natasha Lystess, qui l'obligeait à jouer d'une façon déclamatoire. Les écoles sont parfois devenues des thérapies de groupe, genre « Écoute ton corps ».

Est-ce par méfiance à l'égard des écoles que vous avez souvent eu recours à des gens qui n'avaient pas de métier d'acteur ?

Non, j'y étais forcé. Si je crois à un acteur, peu importe l'école dont il est issu, je l'engage. Ma principale résistance ne concerne pas les acteurs qui ont trop étudié, mais ceux qui sont restés trop scolaires. Je n'aime pas qu'on leur apprenne à jouer l'humilité en interview, comme cela se fait à New York, qu'on leur donne, au sens littéral du mot, des « leçons d'humilité ». Si c'est ça l'humilité, je me sauve !

Vous vous méfiez davantage de gens qui ont fait de la publicité que de ceux qui ont fait du vaudeville ?

Beaucoup plus. Pour un acteur dramatique, la publicité est parfois catastrophique. Ce n'est une bonne école ni pour la caméra, ni pour l'acteur, ni même pour le réalisateur. C'est une bonne école pour faire de la publicité ! Mais ceux qui ont un grand talent passent à travers.

Lorsque vous abordez la distribution des rôles d'un film, que faites-vous ? Vous passez en revue les répertoires d'acteurs ?

Oui. Je passe tous les noms en revue, cascadeurs, chanteuses, comédiens, animatrices, artistes de cirque, artistes de variétés d'Ottawa... pas de ségrégation ! Un nom me rappelle quelque chose, un bon moment de comédie ou de drame, un trait de caractère particulier, un défaut que j'aime. Puis je m'informe davantage sur cette personne, je cherche où je peux la voir si elle fait du théâtre ou de la télévision. Et, selon, je la rencontre. C'est comme ça que j'ai choisi Roger Giguère pour jouer le maire dans *La postière*, un comédien dont le jeu est étonnant de vérité. Mais il n'y a pas de loi. La télévision est un bon outil de *casting*. Je fais souvent ma distribution en regardant la télé. C'est comme ça que j'ai repéré Guy L'Écuyer pour *La vie heureuse de Léopold Z*, dans une émission pour enfants où il avait un petit rôle. En fait, je fais tout le temps du *casting*, sans le vouloir : on ne peut pas empêcher sa mémoire de retenir un nom, un visage, une façon de jouer ! Et il y a les auditions...

Faites-vous passer des auditions de façon systématique ?

Maintenant, je ne le fais à peu près jamais. Je préfère interviewer les gens, passer du temps avec eux, savoir qui ils sont, ce qu'ils pensent, comment ils s'expriment. C'est de cette façon que j'ai choisi Pierre Curzi pour *Les Plouffe*, de même que Gabriel Arcand et Serge Dupire. On parlait de musique, d'échecs, de n'importe quoi. De cette façon, les acteurs m'apprennent involontairement des choses sur eux-mêmes. Je les surprends toujours en leur disant : « Parlez-moi du personnage pour lequel vous êtes là. » Ils hésitent. J'ajoute : « C'est vous le spécialiste, pas moi ! »

Vous prenez chacun pour ce qu'il est ?

Pour son talent d'abord, évidemment. Mais parfois, comme dans *Les Plouffe*, leur provenance était très importante puisqu'il s'agissait de regarder pendant trois heures une famille québécoise, une famille à la manière de vivre très originale et très visible. Comme d'autres avaient filmé une famille juive ou italienne.

Les gens de Radio-Canada n'étaient pas du tout d'accord avec ma distribution, préférant des comédiens qui rappelaient davantage ceux qu'avait réunis Jean-Paul Fugère dans les années cinquante. J'avais d'autres idées là-dessus. Alors j'ai dit que je ne ferais pas *Les Plouffe* sans Gabriel Arcand dans le rôle d'Ovide, et sans Pierre Curzi dans celui de Napoléon. Cette déclaration a soulevé un tollé, sauf de la part de Justine et Denis Héroux qui m'ont suggéré de filmer les acteurs sur vidéo dans un petit décor, pour prouver que mon choix était le bon. La méthode a fonctionné. Les responsables de Radio-Canada ont immédiatement donné leur accord sans se faire prier et sans jamais revenir sur la question.

Il est vrai que c'était la première fois qu'un intrus comme moi faisait quelque chose d'aussi important pour Radio-Canada. Aujourd'hui, c'est chose courante. On leur proposait alors de nouveaux acteurs, un nouveau directeur photo, un nouveau metteur en scène, une nouvelle façon d'éclairer, de concevoir les costumes, etc., dans un grand film de quelques millions. Normal qu'ils aient été effrayés. Lemelin m'avait suggéré Anne Létourneau dans le rôle de

Rita Toulouse. Et Émile Genest. Juliette Huot, pour jouer la mère Plouffe, a eu immédiatement l'accord de tout le monde. Peut-on imaginer quelqu'un d'autre qu'elle aujourd'hui dans le rôle? Peut-on imaginer quelqu'un d'autre que Micheline Lanctôt dans *La vraie nature de Bernadette*? Que Carole Laure dans *La mort d'un bûcheron*? Que Chloé Sainte-Marie dans *La postière*? Le rôle du metteur en scène, c'est d'imaginer la relation comédien-personnage un petit peu avant tout le monde.

Et vos rapports avec les acteurs?

Souvent, la façon dont les comédiens communiquent avec moi manque de franchise sans que ce soit du mensonge. Ils ont une manière à eux de s'exprimer. Une actrice dit qu'elle n'aime pas du tout son costume, mais c'est son dialogue qui l'embête. Lorsque l'on corrige le dialogue, les choses s'éclairent. Elle se sent tout de suite plus à l'aise dans la robe rouge avec les petites fleurs jaunes et la ceinture de cuir. Elle accepte même les escarpins! Les comédiens vont rarement, à moins d'être célèbres, oser contester froidement le réalisateur. Ils prennent donc des détours pour me parler, des détours qu'il faut savoir apprécier. Ils sont beaucoup plus sensibles que nous — que moi — à la difficulté que comporte une scène. Les bons comédiens sont là aussi pour mettre de la justesse et de la précision dans le dialogue et les attitudes. Je pense aussitôt à *Maria Chapdelaine*, à la démarche de paysan que s'était composée Pierre Curzi pour jouer Eutrope Gagnon. Sa démarche, après avoir raccourci son dialogue, exprime à elle seule la lassitude d'un homme accoutumé à un labeur énorme qui le dépasse, une sorte de pessimisme musculaire face à l'avenir. On dirait qu'il porte sur ses épaules le poids de toutes ses mauvaises récoltes. Je pense aussi à la façon de « marcher la terre » de Donald Pilon dans *La vraie nature de Bernadette.*

Je sais qu'il y a des metteurs en scène qui terrorisent les acteurs. C'est idiot. Moi, je trace d'abord leur cheminement dans le décor, leur itinéraire physique. Une méthode très classique. Je leur indique leurs points d'arrêt et les phrases à dire, mais je ne joue pas. Si l'un d'eux avait tendance à m'imiter, ce serait catastrophique. Je les écoute, je vois si le dialogue sonne juste ou pas. Je suis très sensible au son des dialogues, je veux éviter la lourdeur des dialogues de *La vie heureuse de Léopold Z.* Presque tous les rôles secondaires dans le cinéma québécois — c'est une manie collective — poussent sur leur texte comme dans les pires publicités. C'est vrai surtout pour les rôles de méchants et les personnages d'enfants. Ceux-ci empruntent le ton excessif qu'ils entendent à la télévision, quand il s'agit de parler québécois. Le ton trahit une incertitude, un manque de confiance en soi.

Je remarque que cette tendance à appuyer sur les mots se renforce chez les personnages homosexuels. Influence de Michel Tremblay ?

Travaillez-vous avec les acteurs avant le tournage ?

Parfois. Dans *L'âge de la machinne*, un court métrage qui met en vedette Sylvie Lachance, Gabriel Arcand et Willie Lamothe, j'ai beaucoup travaillé avec eux avant le tournage. Pourquoi ? Je ne me le rappelle plus très bien. Sylvie Lachance avait le type physique parfait pour créer le rôle d'une orpheline, mais comme elle n'avait fait ni cinéma ni théâtre, je voulais sans doute me rassurer. Et puis ce n'était pas dit que Gabriel Arcand et Willie Lamothe, l'un très « théâtre expérimental » et l'autre très *country-western*, feraient un bon couple ! Comme tout se passait bien, on en a profité pour refaire leurs dialogues, ajouter des silences, etc. Jacques Bobet nous aidait. Je l'ai fait aussi pour un téléfilm suisse, *Miss Moscou*, des frères Lev et Alex Shargorodsky (*Le persifleur*, chez Gallimard).

Vous arrive-t-il de jeter des pages de scénario au tournage ?

Dans la mesure où l'idée est toujours là, peu m'importe que les acteurs changent mon texte. Je ne tiens pas à mes mots, à mes images. Pour moi, la grande vedette du film, c'est le film ! Tout est bon, si le film s'en trouve meilleur. Même jeter des pages.

Y a-t-il des acteurs avec lesquels vous rêvez de travailler ?

Si je réponds à cette question, le montant de leur contrat va doubler...

On a souvent refusé vos offres ?

Pas souvent, car il y a plus d'acteurs que de rôles à jouer. Certains acteurs estimaient que le rôle ne leur convenait pas, ou le style de film, des acteurs qui travaillaient déjà beaucoup.

Vous est-il arrivé d'insister ?

J'ai même fait quelques petites bassesses. Promettre de doubler l'importance d'un rôle, par exemple, ou une récriture des dialogues que je n'ai jamais faite.

Qu'est-ce qu'un bon acteur d'un film de Gilles Carle ?

Un acteur capable d'une certaine distanciation. Je n'aime pas le jeu mélodramatique à la Lana Turner ou à la Maria Schell. Je préfère le jeu de Rita Hayworth ou de Catherine Deneuve. Chez les hommes, le jeu d'Henry Fonda, de John Wayne et de Gary Cooper. Selon moi, Gary Cooper est le plus grand acteur de cinéma. Il est formidable même dans ses films urbains autres que ceux de Capra, ce dont on ne se rendait pas compte à l'époque. En revoyant ses films, ou ceux de Gabin et de Raimu, on s'aperçoit que les grands acteurs ne sont jamais ridicules à l'écran. Ils ne jouent jamais trop, comme Buster Keaton. Il ne font pas de « farces » ni de « faces ».

J'aime parfois Clint Eastwood, un acteur limité dont on accepte les limites car il a des qualités que beaucoup de grands acteurs n'ont pas. Quand il marche, par exemple, on a l'impression qu'il va se passer bientôt quelque chose de terrible. Ma comédienne préférée : Marilyn Monroe. Acteurs à la réputation surfaite : Laurence Olivier, Gérard Depardieu... parfois Chaplin.

Vous faites l'éloge de la distanciation et vous avez travaillé avec Michel Barrette, Roger Giguère, Marcel Giguère, Gilles Latulippe, Michèle Richard, des gens qui ont l'habitude de l'humour, du théâtre d'été, du Théâtre des Variétés.

Ils prennent vite l'habitude du cinéma ! Ces acteurs savent s'adapter.

Vous ne rêvez pas d'acteurs qui joueraient comme Anna Magnani ?

Non. Saviez-vous qu'Anna Magnani avait été au début, avant de se spécialiser dans le mélodrame, une artiste de music-hall spécialisée dans les blagues grivoises ? Que son parcours de comédienne, au début de sa carrière, ressemble assez à celui des artistes d'ici : cabaret, music-hall, chansons, mélodrames ? Si elle était née à Montréal, elle aurait joué à l'Arcade, rue Sainte-Catherine, avec la Poune, fait des tournées avec Henri Deyglun et obtenu un rôle dans *Aurore, l'enfant martyre* ! Parcours typique de l'époque, comme savent le raconter Denise Filiatrault et Dominique Michel. C'est, au fond, dans de petits théâtres populistes qu'elle a appris à jouer si bien les prolétariennes de quartier pour Rossellini. Là qu'elle s'est habituée à un jeu extravagant, à un style populiste à la Gratien Gélinas.

Je me suis laissé aller un peu à ce style dans *Les Plouffe* parce que le roman, quand il touchait au mélo, commandait parfois un jeu extravagant. Exemple : la scène où Ovide se saoule et rentre chez lui. J'ai d'abord filmé tout le quartier où on voyait Ovide, tout petit, titubant de nuit devant un tramway, au risque de sa vie. Les scènes de saoulerie sont une constante dans le vaudeville et le mélodrame. Il surgit dans la cuisine et s'écrie : « Salut les Plouffe ! » Sans ce plan général très coûteux du début, la scène ne marchait pas. Le lendemain du tournage, Denis Héroux m'appelle, affolé : « Le scénario dit seulement Ovide entre chez lui saoul et tu m'éclaires tout le quartier, tu sors deux

trams, tu me coûtes dix mille dollars d'électricité !» Je lui
demande de juger du résultat au visionnement des *rushes*.
Aux *rushes*, il regarde et me donne raison, en me demandant tout de même de ne pas recommencer ! Ce qui fait
marcher une scène, c'est la scène précédente, surtout quand
il y a un brusque changement de style.

*Vous dites ne pas comprendre pourquoi il y a tant de chanteurs
dans vos films, notamment Pauline Julien, Claude Gauthier,
Michèle Richard, Yoland Guérard, Louise Forestier, Willie
Lamothe, Diane Dufresne, Steve Fiset, André Lejeune, sans
compter Carole Laure devenue chanteuse, comme après elle
Anne Létourneau et Chloé Sainte-Marie. Et vous souhaitiez
tourner avec Claude Dubois. Vous leur trouvez quand même
quelque chose...*

Tous avaient joué la comédie avant de me connaître, sauf
Willie Lamothe et André Lejeune. Je ne connaissais pas
Claude Gauthier comme chanteur mais parce qu'il avait
joué dans *Entre la mer et l'eau douce* et dans *Les ordres* de
Michel Brault. Quant à Michèle Richard, elle ne chante
plus depuis longtemps ! Elle est devenue un personnage de
notre petit monde artistique. Pour ce qui est de Louise
Forestier, une femme charmante et convaincante, elle m'a
accroché un jour et m'a dit : « Je veux refaire du cinéma »
— on l'a vue dans *IXE-13* et *Les ordres* — avec une telle
conviction, que tout de suite je me suis dit qu'elle jouerait
dans mon prochain film. J'ai donné un rôle à André
Lejeune dans *La postière* parce qu'il chante bien du jazz,
sait faire de la turlute et que son rythme est toujours
impeccable. Je cherchais quelqu'un qui puisse interpréter
une chanson ancienne très rythmée et qui ait un air

d'époque. Quant à Yoland Guérard, selon moi, le roman de Louis Hémon le désignait : le père Chapdelaine, dit le livre, « a une voix de basse », il est très grand et grisonnant.

Les chanteurs jouent-ils de façon particulière ?

Non. D'ailleurs, je ne pense jamais que je choisis un chanteur, je choisis un acteur.

Des Corps célestes *à* L'honneur des grandes neiges, *vous avez travaillé avec plusieurs acteurs français, notamment au gré des coproductions, certains dans un registre différent de celui de vos acteurs québécois.*

Je voulais à tout prix travailler avec Jacques Dufilho, un grand acteur qu'on utilise trop souvent dans des farces. Malheureusement, je lui ai fait faire, dans *Les corps célestes*, des choses dont il ne voulait plus. Toute la production a souffert d'ailleurs, à cause de l'absence de neige, de ce que je devais chaque soir changer les scènes extérieures en scènes intérieures. Avant, j'avais tout essayé, même faire venir de la neige de Montréal alors qu'on tournait en Abitibi ! Je suis allé inconsciemment vers la parodie et un type de comédie que je n'aime pas trop moi-même.

Et Claude Rich ?

Je le connaissais avant de travailler avec lui et nous sommes devenus des amis. Il est merveilleux, d'une façon humble, qui ne paraît peut-être pas dans *Maria Chapdelaine*. Même s'il a prouvé qu'au théâtre il pouvait défendre des rôles diaboliques, je le voyais comme un ange, ou un curé.

Claude est aussi un merveilleux auteur, qui a écrit plusieurs pièces de théâtre. Je l'ai vu jouer du Guitry, un genre pour lequel il ne semblait pas fait, il était remarquable.

Jean Carmet ?

Jean Carmet était un grand acteur, malheureusement confiné dans des rôles d'assassin parce qu'il avait une gueule d'assassin. On le voit à l'écran et on se dit tout de suite : « C'est lui le coupable. » C'est d'ailleurs le rôle que Denys Arcand et moi lui avons confié dans *Le crime d'Ovide Plouffe*. Je le voyais souvent à Paris. Il avait toujours des histoires sur son village tourangeau, Bourgueil, à raconter. Chloé riait parfois aux larmes ! Il racontait aussi de bonnes histoires sur son copain Depardieu.

Serge Reggiani ?

Je le connaissais surtout pour les grands films qu'il a tournés dont, évidemment, *Les portes la nuit* de Marcel Carné, mais surtout ceux de ma jeunesse où il jouait les bandits impassibles avec sa gueule de chien battu. Je n'ai pas pensé au chanteur en le choisissant, d'ailleurs tout le monde chantait dans *Fantastica*, sauf lui.

Vous avez écrit des chansons. Par accident ?

J'ai écrit les paroles de quelques chansons, pas la musique, chansons utilitaires pour certains de mes documentaires, notamment *Cinéma, cinéma*. François Guy n'a accepté de composer la musique de la chanson titre de ce film qu'à une condition, qu'elle s'intitule *Cinéma cinéma*. J'ai accepté et j'ai écrit les paroles, je l'avoue, sans chercher midi à quatorze heures. Je ne ferai jamais concurrence à Luc Plamondon !

C'était votre première expérience ?

J'écrivais des poèmes lorsque j'étais à l'Hexagone et j'ai écrit des chansons comiques plus tard pour l'émission radiophonique *Chez Miville*, des textes comiques plutôt, que les interprètes transformaient en chansons sur des airs connus. Par la suite, j'ai donné un coup de main à des auteurs qui voulaient faire rimer ce qui ne rimait pas ! J'ai écrit aussi un opéra miniature pour enfants, sur des airs de François Guy, *Rêve de Noël*. Il n'a jamais été monté, mais c'est très beau, je le jure !

J'adore écrire. Quand j'écrivais des scénarios pour la télévision, dans les années soixante, comme *Les enquêtes Jobidon*, j'aimais ça, mais je donnais souvent mon premier jet. Je ne consacrais qu'une journée à l'écriture d'une émission d'une demi-heure. Jacques Létourneau, très talentueux et plus habile que moi, peaufinait ensuite les dialogues. Mais quand j'ai écrit mon premier scénario de film, j'ai dû ralentir. Un scénario de long métrage exige une précision vraiment scientifique. J'ai toujours tendance, j'en ai parlé, à en mettre trop, à aller à gauche et à droite en même temps. Cela crée un beau désordre sur le papier, un désordre peu apprécié des lecteurs de la SOGIC et de Téléfilm Canada. Je me suis corrigé petit à petit.

Maintenant, avant de commencer une séance de travail, il me faut mettre de l'ordre partout dans la maison, même dans la cuisine. Je suis devenu maniaque. Il me faut un stylo feutre neuf, du papier neuf en tablettes

— toujours du même modèle —, que tout sur ma table de travail soit parfaitement rangé, les trombones, les crayons, les ciseaux et les livres de référence. Tout doit être aligné à angle droit ! Alors, alors seulement, je peux commencer à écrire comme il faut.

Je suis comme l'astronaute qui s'en va dans l'espace, je m'assure que toutes les conditions sont remplies. Il faut que j'aime le geste d'écrire dès la première phrase.

Je cesse d'écrire quand tout autour de moi est redevenu en désordre.

De quelle façon écrivez-vous ?

Je sais où je vais, mais je ne sais pas comment y arriver. Ce sont des images qui me viennent d'abord. Et des idées. Après avoir écrit des pages et des pages, je découpe ce qu'il y a de bon et je bricole un texte avec les meilleures idées. Je relis, je récris, je bricole de nouveau avec du *scotch*. Je tiens le premier scénario et je le fais taper car je travaille toujours à la main. Il me faut plusieurs versions avant d'arriver à un scénario satisfaisant. J'aime bien que ce soit bien écrit, propre, sans fautes, comme s'il s'agissait d'un roman. J'ai déjà travaillé comme correcteur d'épreuves au quotidien *Le Soleil* à Québec. À mesure que ma vue change, le stylo devient plus gros et l'écriture plus petite. Et les idées plus claires !

Et vous restez à votre table pendant des heures ?

Je peux travailler de six ou sept heures le matin jusqu'en début d'après-midi, sans voir le temps passer. Le chat peut miauler, le chien du voisin japper, rien ne me dérange. Je soigne les petits détails et je ne mange pas avant d'avoir terminé. Avec les années, je travaille moins longtemps et j'écris d'une façon plus technique, à l'américaine. J'ai écrit les synopsis de mes deux adaptations de James Oliver Curwood en anglais. De Los Angeles, on a demandé à la productrice Justine Héroux : « Qui chez vous écrit comme Agatha Christie ? » Ça ne me rajeunit pas !

Qu'est-ce qui normalement vient en premier ? Les personnages ? Le récit ?

Les images. Des images m'obsèdent et me relancent, longtemps, pas les personnages. Prenons le synopsis de *La forêt argentée*, dont j'ai parlé. J'étais obsédé par l'image d'une femme morte dans le bois qui tout à coup se met à bouger. Tout à coup elle marche dans les airs ! Pourquoi ? Qu'est-ce qui arrive ? D'où vient-elle ? Je vois enfin des chasseurs... J'ai une facilité à créer des personnages. D'ailleurs, je n'aime pas les personnages tout faits — un détective privé, une prostituée, un policier — ni les histoires arrangées, comme un accident d'avion, où il faut inventer une bombe et mettre en place un mécanisme d'enquête du commencement à la fin. Voilà une idée de film. Mes idées à moi ne sont pas vraiment des « idées de film ». Elles partent de la vie, d'univers personnels. Je suis un auteur collectif : je vole le peuple. Si mon scénario est bien écrit, comme un roman, bien tapé, sans coquilles, épuré, clair et juste par rapport au milieu social, s'il décrit bien les images à faire, le film sera meilleur. Commencer un film avec un scénario bâclé, c'est courir au désastre. La somme de travail que l'on met pour se préciser à soi-même un scénario paraît dans le film.

166

Pouvez-vous travailler des mois, voire des années à un scénario ?

Je peux passer un temps fou sur un scénario ou l'écrire en trois jours. Il n'y a pas de loi. Je peux aussi travailler à plusieurs scénarios à la fois. Travailler à plusieurs scénarios n'est pas plus difficile que de travailler sur plusieurs personnages dans un même scénario. Ce qui est difficile, c'est de rendre les choses vivantes. Tout doit vivre, rien ne doit être statique, tout doit être mobile, comme l'eau du Saint-Laurent ! Et je ne parle pas d'explosions, de coups de fusil et d'avions qui sautent. On dirait qu'Hollywood est devenu un gros magasin de jouets où le seul plaisir est de tout faire exploser. Les films fabriqués là-bas ressemblent de plus en plus aux écrans des machines à sous.

Vos films correspondent-ils exactement à vos scénarios ?

Je peux ajouter beaucoup de choses au tournage, mais le scénario reste le même.

Vous mettiez déjà cette idée en pratique alors que vous travailliez à La vie heureuse de Léopold Z *?*

Je n'avais pas de scénario complet, c'était une époque comme ça. Je l'écrivais au fur et à mesure du tournage, puisqu'il fallait tricher, éviter de parler de long métrage à la direction. Il y avait des papiers secrets et des papiers officiels. Je voulais à la fois faire un court métrage qui tienne debout, et puis un court métrage incomplet, pour que Pierre Juneau, directeur de la production française, me permette de l'allonger. J'ai réussi, je crois : si vous supprimez toutes les scènes avec les acteurs du film, il reste quoi ?

167

Un documentaire de vingt minutes sur le déneigement à Montréal, mon premier mandat.

Aujourd'hui, je suis convaincu que j'étais plus naïf que la direction.

Faites-vous lire les versions de vos scénarios ?

Ce que je déteste dans l'écriture d'un scénario, c'est que n'importe qui puisse le lire à toutes les étapes, même si ce n'est qu'un premier jet. C'est tellement mauvais un premier jet, ce ne sont que des idées jetées pêle-mêle sur le papier, que de le faire lire à quelqu'un est humiliant, à tout le moins gênant. J'ai l'impression que quelqu'un regarde par-dessus mon épaule et me critique pendant que j'écris. Est-ce que je me m'installerais derrière un comptable pour le critiquer chaque fois qu'il aligne un nouveau chiffre ? Avec les années, j'ai obtenu qu'on ne lise pas mes premières versions. Je les déchire et je les jette. Point.

On dit : « Je tiens compte du fait que c'est un premier jet. » Faux, personne n'en est capable. Pas plus moi que les lecteurs des offices gouvernementaux.

Et vous ne faites pas davantage lire ces versions dans votre entourage ?

Je ne montre rien avant le dernier jet maintenant, sauf les versions qu'il faut déposer pour toucher des versements de Télèfilm Canada et de la SOGIC. Je me plie à ces obligations, mais c'est toujours pénible.

Est-ce vous qui décidez qu'un scénario est prêt ou attendez-vous qu'on vous le dise ?

J'ai beaucoup de difficulté à terminer une histoire. Le plus souvent, je ne les termine pas, je les arrête quand vient le moment où j'en ai assez. J'ai toujours l'impression que je prends des histoires dans la vie, des histoires qui commencent un peu n'importe où et qui finissent à n'importe quel moment mais qui se tiennent. D'autres le pensent aussi : le scénario de *La vraie nature de Bernadette* a été publié par *L'Avant-scène*, à Paris, et sert de modèle dans plusieurs écoles de cinéma. Récemment, les écoliers du Jura faisaient un travail sur *Le sang du chasseur*, le scénario et le film. Ils m'ont même envoyé leur travail d'études, sous forme de journal. Sympathique.

Quand vous vous mettez à l'écriture du scénario, lisez-vous beaucoup, consultez-vous diverses personnes sur tel ou tel aspect du récit ?

Ce travail est déjà fait. Ainsi, un jour, je me suis souvenu des réflexions que je m'étais faites des années plus tôt en passant à Saint-Ignace, où le paysage me faisait penser à l'Irlande. Alors, j'ai commencé à bâtir une histoire, celle de *La vraie nature de Bernadette*, que je pourrais y tourner. Mais j'ai eu beaucoup de mal à retrouver l'endroit où j'étais passé. Il a fallu que Louise Ranger, mon assistante, ressorte nos vieux itinéraires du temps des *Mâles* sur de vieilles cartes fripées. On a refait le même voyage et puis soudain, c'était là.

Vous vous êtes déjà intéressé à la littérature sur la scénarisation ?

On lit ce genre d'ouvrage pour trouver des trucs, mais il n'y en a pas. On m'a demandé un jour de rencontrer des étudiants de l'université Concordia pour leur parler de scénarisation : j'ai préféré leur parler de l'utilisation des lentilles. Comment à un film à caractère social correspond tel type de plans et à un suspense tel autre type. Le premier consiste à fouiller des plans larges pour en reconnaître les éléments importants ; l'autre, au contraire, consiste à faire voir d'abord des gros plans — le couteau, le café, la mèche de cheveux — et à ne révéler toute la scène que plus tard, après une attente plus ou moins longue.

Y a-t-il des films dont vous auriez aimé écrire le scénario ?

I vitelloni, d'Ennio Flaiano, où les séquences les plus simples donnent le plus d'émotion. Je préfère d'ailleurs le scénario au film, même si Fellini a la réputation de presque toujours réaliser des films meilleurs que les scénarios qu'on lui propose. Il m'arrive de me remémorer des parties du scénario, par exemple la description des fils de bourgeois d'une ville italienne alors qu'ils insultent les terrassiers. Cette scène me trotte dans la tête, comme cette autre scène de *La prière du soldat* de Kobayashi : des soldats japonais en Chine n'ont pas mangé depuis des semaines, ils ont le ventre gonflé par la faim. Ils aperçoivent soudain un champ de maïs, porteur d'épis mûrs. Ils le dévorent des yeux, incrédules, tremblants. Coupure : tous les soldats se tordent par terre en vomissant, malades comme des chiens. Ils ont tout mangé, la récolte est décimée, avalée ! Quelle coupure éloquente ! Rien n'est plus ennuyeux qu'un film qui tente de se modeler sur le temps réel ou sur la banalité de certaines émotions. Les jeunes réalisateurs ont trop souvent l'idée d'en rajouter au lieu d'en soustraire. Moi aussi, hélas !

Vous avez de la facilité à décrocher du réel ?

Au départ, je suis porté à tout voir et à tout décrire. Il faut alors que je me demande pourquoi je fais ceci ou cela. Pourquoi il ne se passerait pas des moments calmes dans la vie de mon héroïne. Qu'est-ce qui arriverait si je supprimais un personnage ou si je faisais un saut dans le temps au lieu d'une progression en douceur. Toutes les coupures sont là, qui attendent d'être faites !

Sentez-vous le besoin de tout savoir des personnages que vous mettez en scène pour qu'ils prennent vie à l'écran ?

Plus le personnage est secondaire, plus il faut le connaître vite. À la limite, il peut avoir un uniforme ou un costume qui en fait tout de suite un policier, une sœur ou un abbé. Les personnages les plus importants, on ne les connaît jamais. Écrire un scénario, c'est comme les inviter à dîner pour qu'ils vous racontent leur histoire, mais ils vous cachent toujours quelque chose.

Certains scénaristes disent que les personnages qu'ils ont créés leur dictent des pans entiers du scénario.

C'est vrai, on les entend ! Ils parlent ! Je me dois de les écouter, de les traiter avec respect ! Ce que je hais le plus, ce sont les films qui réduisent le quotient intellectuel de leurs personnages pour rejoindre le plus grand nombre possible de gens. Moi, je ne veux pas passer deux heures et demie de ma vie avec des imbéciles !

171

Vous est-il plus difficile de faire vivre des personnages féminins ?

C'est ce que je fais avec le plus de facilité. Les hommes dans mes films sont souvent moins intéressants. Tout de même, j'interroge souvent la comédienne au tournage pour m'assurer de la justesse de ce que j'ai écrit. François Truffaut faisait remarquer qu'il est difficile pour un homme de savoir ce que deux femmes disent lorsqu'elles sont seules dans une salle de bains. C'est vrai... un peu. Mais il ne faut pas être trop timide, il y a beaucoup de féminin en nous.

Vous arrive-t-il de passer des heures sur une réplique ou écrivez-vous en vous disant que vous pourrez jeter plus tard ce qui ne tient pas ?

J'écris des scénarios, pas des romans. Aucun éditeur n'attend mon texte. Je peux tout jeter au panier et passer dix jours sur une phrase. Il ne faut pas se dire : « J'arrangerai ça au tournage », parce qu'au tournage rien ne s'arrange, c'est pire. Quand j'étais aux Beaux-Arts, j'avais fait une mauvaise esquisse au crayon à mine, alors je me suis dit : « La couleur va arranger ça. » Erreur : en couleur, c'était cent fois pire !

Au cinéma, c'est pire encore.

Aimez-vous tous vos personnages ?

En règle générale, je les aime tous pour une bonne raison : je les ai créés à partir de gens que j'aimais. Ce n'est pas toujours consciemment que je fonds les traits de quelques personnes pour en composer une seule. Je ne fais pas des personnages à clé. Mais j'ai mes petits trucs à moi : je cherche d'abord un nom, il me faut un nom sinon je n'écris pas. Si je dois écrire un film dont l'action se situe dans le passé, à la campagne, je vais dans un cimetière de village et je lis les noms sur les pierres tombales. Je l'ai fait pour *La vraie nature de Bernadette* — les vieux s'appellent Moïse, Auguste et Octave, le cheval blanc Misère Noire — et je l'ai fait pour *La postière,* où le petit garçon se prénomme Amédée, un nom populaire en 1935. Curieusement, plusieurs Amédée devenaient des Médée sans changer de sexe mais en gagnant un peu en mythologie... Médée était une magicienne très, très méchante, qui égorgea ses enfants.

Vous avez travaillé avec de nombreux scénaristes. Vous êtes d'une flexibilité incroyable ou vous les épuisez ?

J'aime bien aller chercher des gens qui ont une bonne formation dans un autre domaine que le cinéma, comme Camille Coudari, qui est non seulement un maître international aux échecs mais qui est aussi versé dans l'étude des mythologies. Il a travaillé sur plusieurs de mes films, *Jouer sa vie* évidemment, mais aussi *Le diable d'Amérique* et *Ô Picasso.* Je tire parti autant de la formation de mes collaborateurs que de leur savoir.

Il m'arrive aussi de me rassurer en obtenant la collaboration d'un scénariste de réputation mondiale, comme Ben Barzman, auteur de soixante-dix scénarios aux États-Unis, en France et en Italie. Nous avons commencé à collaborer sans même nous en rendre compte à une terrasse en France alors que je lui parlais du scénario de *La tête de Normande St-Onge.* Il a demandé à le lire, puis il m'a dit : « C'est fantastique, mais, mais, mais... » Ces fameux mais... qui coûtent si chers !

Parfois, mon collaborateur prend une de mes idées et la développe d'une façon inattendue. Ainsi, dans *Red*, mon héros métis Réginald McKenzie trouvait un petit chat sur l'autoroute, le mettait dans la boîte à gants de l'automobile et l'amenait chez lui. Ce n'était pas suffisant pour Ennio Flaiano. Il trouvait cette scène très poétique et croyait qu'il devait se passer autre chose. Le Métis fait donc un détour énorme pour trouver du lait, enlève un de ses enjoliveurs de roue, en fait une soucoupe et y verse le lait à boire au chat. Le caractère du personnage transparaît tout de suite : sympathique, inventif et délinquant.

Vos collaborateurs écrivent et vous apportent ce qu'ils ont fait ou vous expriment-ils leurs idées lors de discussions ?

C'est toujours moi qui écris, je ne sais pas pourquoi. Même Guy Fournier, meilleur écrivain que moi, m'a donné ses meilleures idées verbalement quand il a travaillé sur *Maria Chapdelaine*. Par ailleurs, il avait écrit le synopsis.

Et Roger Lemelin ?

Roger refusait d'écrire. Même chose en ce qui concerne Arthur Lamothe qui n'a pas écrit un mot du scénario de *La mort d'un bûcheron*. Disons qu'ils étaient des *script-doctors*, mes fournisseurs d'idées. Arthur a, à toutes fins utiles, créé le personnage mystico-fasciste de Ti-Noir L'Espérance, interprété par Marcel Sabourin. Dans mon premier texte, je ne faisais qu'évoquer ce personnage, on ne le voyait pas. Arthur m'a demandé ce qui lui arrivait après dix ans de solitude dans le bois, s'il était devenu fou, s'il ne pouvait pas voir des soucoupes volantes. C'est comme ça que le pauvre camp de bûcherons s'est transformé en un espace d'aventures, un monde étrange ! Cette idée a transformé le film et m'a permis d'écrire pour Willie Lamothe des phrases du genre : « Il est cuisinier, il voit des soucoupes, c'est normal ! »

Le fait de ne pas écrire ne change rien à l'importance de mes collaborateurs.

Pouvez-vous imaginer que l'un de vos scénarios soit tourné par un autre réalisateur ?

Tout à fait. Denys Arcand et moi avons pensé écrire un scénario ensemble, ce qui aurait donné un maudit bon scénario. Un autre l'aurait réalisé, peut-être Francis Man-kiewicz.

Et la collaboration de Jacques Bobet à L'âge de la machine ?

En fait, je devais écrire trois petits films avec lui qui, réunis, auraient composé un long métrage : *L'âge de la machine, L'âge de l'écriture* et *L'âge des statues.* Nous n'avons écrit et tourné que le premier.

Pourquoi ?

La direction de l'équipe anglaise de l'ONF a jugé ce premier film très mauvais, tellement mauvais qu'elle refusait que je procède au mixage. Du coup, elle a annulé les deux autres. Le film faisait partie de « Adventures in Canada », une série — j'étais très naïf — qui devait secrètement promouvoir l'unité canadienne. Non seulement je ne faisais pas la promotion du Canada — je ne faisais la promotion de rien du tout —, mais je racontais une petite histoire pour le simple plaisir de la chose. André Lamy, devenu commissaire à l'ONF, a accepté de voir la copie de travail et, dix minutes après, il a agi d'autorité : je pouvais commencer le mixage. Le film a remporté six Canadian Film Awards un an et demi plus tard, ce qui a amené le producteur à m'écrire pour me dire qu'il avait revu le film et qu'il l'avait trouvé intéressant... Reste que les deux autres ne se sont jamais faits.

Je voulais en consacrer un, basé sur mon expérience d'artiste graphique, à un sculpteur qui modèle des Vierge Marie pour les églises, ce qui lui permet d'éviter la conscription et la guerre. Il tombe amoureux de son modèle et sa sculpture devient de plus en plus laïque, ses vierges de plus en plus sexy. Il mêle sans vergogne le sexe et la religion. La fin était foudroyante : la vierge se transformait en strip-teaseuse au Roxy Paradise, rue Saint-Laurent.

Vous avez dû abandonner plusieurs projets comme celui-là, en plus de La Corriveau *?*

Jeune, j'avais mille projets, aucun n'aboutissait. Aujourd'hui je n'en mène qu'un à la fois, il aboutit presque toujours. J'ai eu des projets sur tout ! Mais il y avait projet et projet, certains nous tiennent plus à cœur que d'autres. Quand mon projet d'un long métrage sur la Corriveau est tombé, après deux années de recherches intensives et des trouvailles importantes sur la vie privée de ce temps-là, cela a été très dur pour mon équipe et pour moi. Tout était en place pour commencer, les lieux de tournage avaient été repérés et chaque plan avait été étudié !

L'histoire de la Corriveau est un grand sujet, mais très délicat parce qu'on touche avec elle le moment le plus dramatique de notre histoire, la conquête (la défaite !). J'ai dû faire des recherches, l'histoire de cette « sorcière », c'est un peu l'histoire de toutes les femmes en 1750-1763, l'histoire des Québécoises. Sans le savoir ou en être très consciente, sans écrire et sans toucher directement à la politique, la Corriveau a révolutionné les mœurs du temps. Elle voulait choisir ses hommes, divorcer, rire, pratiquer des avortements, ne plus être battue, contester son père... bref, être libre. Marie-Josephte Corriveau portait une idée dangereuse : un concept de liberté. Même les artistes s'en sont pris à elle. Louis Fréchette lui consacre des poèmes entiers où il la décrit comme une traîtresse, une ogresse, une sorcière... La *Gazette de Québec* aussi. La rumeur publique. La bourgeoisie. Ses voisins ! Je la voyais comme une femme amusante, pleine de vie et très débrouillarde. Elle exprimait sa féminité et c'est comme femme qu'elle dérangeait. Qu'elle ait tué ou non ses maris est très secondaire. Si elle l'a fait, elle a eu raison, ils l'ont tellement battue. Aujourd'hui, il n'y aurait même pas de procès. Ce qui surprend, c'est que cette femme battue presque tous les jours pendant des années continuait à aller danser, à boire, à aimer la vie. Elle appartient à cette catégorie d'individus dont l'histoire s'empare tout à coup et, sans qu'ils aient la moindre préparation, les oblige à jouer les héros — un rôle historique.

Quel est votre meilleur scénario ?

La deuxième partie de *La mort d'un bûcheron*, celle que j'ai travaillée avec Arthur Lamothe. Il y a aussi, dans *La tête de Normande St-Onge*, le dîner de Normande avec sa mère folle où elle-même commence à devenir schizophrène devant l'agressivité de sa petite sœur méchante, la démission morale du personnage du magicien, etc. Je suis assez content de l'écriture de cette scène, parce qu'elle ne tombe pas dans le piège du « psychologisme » ambiant.

Dans le dernier scénario que j'ai écrit, il y a le personnage de Simon MacQuarrie, propriétaire d'un moulin à scie, qui reçoit une balle dans la jambe et qui doit fabriquer sa propre jambe de bois. L'idée me plaît beaucoup. Autrement dit, aucun de mes scénarios ne me plaît complètement, mais j'aime de petits moments dans presque tous mes scénarios.

Vous dites n'avoir jamais été entièrement satisfait d'un film. Vous est-il arrivé de vouloir le refaire ?

Un film non, des séquences oui. Mais même si je retournais des séquences, même si elles étaient meilleures, elles participeraient moins bien au film. On ne peut pas tromper les gens.

Vous avez écrit des films de nature plus dramatique, des films historiques et d'autres qui vont davantage dans le sens de la comédie. Vous sentez-vous à l'aise dans tous les genres ?

Le style qui me convient le plus, à ce qu'on dit, c'est la comédie dramatique. Avec *Pudding chômeur*, j'essaie de pousser ça vers la tragédie. Mais j'hésite, il ne faut pas se faire happer par un seul aspect de son sujet, se laisser dominer par lui. Il faut savoir s'en éloigner et revenir. Un scénario, c'est plein de trappes à souris !

Lisez-vous systématiquement les scénarios qu'on vous envoie ?

Dans la mesure où les premières pages me semblent intéressantes. Si je reçois un scénario intitulé *L'action au Far West* ou *Les bas-fonds de Winnipeg*, je ne lis rien du tout. On sait dès les premiers mots s'il s'agit d'un bon scénario ou si, comme très souvent, c'est une copie du dernier film vu par le scénariste.

Je n'ai jamais regretté d'avoir refermé un scénario. Je suis toujours étonné que tant de gens sans expérience, sans préparation se croient capables de faire du cinéma. J'ai reçu une lettre un jour d'une inconnue qui disait à peu près ceci : « Je viens d'une famille pauvre, j'ai élevé mes frères et sœurs parce que ma mère était toujours malade, je n'ai pas d'instruction ni vraiment d'éducation, alors je me suis dit, je vais faire du cinéma. » Troublant.

Une autre femme m'a envoyé un jour un long scénario tiré de son « journal personnel ». C'était absolument obscène. Elle décrivait d'une façon clinique, sans aucune espèce de transposition, toutes les grosses scènes de baise qu'elle avait connues en dehors de son mariage — elle aurait mieux fait d'envoyer son texte à son mari ! Chaque scène commençait par une phrase du genre : « Je pris son pénis entre mes doigts nerveux et le portai à mes lèvres goulues. » C'était obscène, mais inintéressant. Dommage. Pourquoi les gens qui écrivent pour la première fois écrivent-ils tous au passé simple ?

Les scénarios les plus intéressants sont ceux que vous envoie un producteur ?

Si un producteur ou un comédien s'y intéresse, c'est déjà bon signe. Il m'est arrivé parfois de lire un bon scénario, notamment une histoire de science-fiction intéressante, mais infaisable. Il aurait fallu cent millions de dollars ! Or, la première qualité d'un scénario est d'être faisable. Dans les scénarios qu'on m'envoie, il y a souvent Hollywood derrière ou Walt Disney, ce qui ne donne jamais un scénario bien original. Je n'ai pas reçu plus de dix scénarios intéressants écrits par des amateurs. Et lorsqu'on dit à quelqu'un ce qu'on pense de son scénario — je ne peux m'empêcher d'être honnête — on s'en fait un ennemi à vie. Plus un scénariste est amateur, d'ailleurs, plus il se méfie de la réaction des autres.

Alors faites-vous encore des commentaires sur les scénarios qu'on vous soumet ?

Je n'en fais plus. Je pense au proverbe portugais : « Je n'ai pas d'ennemis, puisque je n'ai jamais fait de faveur à personne. »

Quelle a été votre attitude à l'égard de la langue québécoise ?

À mon arrivée à Montréal, au début des années cinquante, les Compagnons de Saint-Laurent, dirigés par le père Legault, régnaient sur le théâtre. C'était une troupe composée des meilleurs comédiens de l'époque, Muriel Guilbault, Jean Coutu, François Rozet et les autres. J'ai assisté à des représentations dans une ancienne église, rue De Lorimier, je crois. D'une certaine manière, cette troupe traduisait une idée de ce que devaient être la voie théâtrale de l'époque. Et la voix théâtrale. Je n'ai aimé ni l'une ni l'autre, je n'ai aimé qu'une farce de Molière. J'ai même eu un choc. Les acteurs se donnaient une voix qui n'était pas la leur, jouaient dans un style qui ne leur convenait pas — c'est du moins ce que j'ai cru à l'époque. Tout me semblait déphasé, décentré par rapport à ce que j'étais. Un peu le phénomène de la voix de postsynchronisation aujourd'hui. Le seul français universel, c'est la langue de la postsynchronisation. D'où venait cette langue que je ne connaissais pas ? Ce jeu forcé ? Faut dire que j'arrivais d'Abitibi !

Je me suis vite remis à fréquenter le Starland et l'Arcade, qui produisaient des imitations de vaudeville américain. Mais quand même, j'étais moins dépaysé, moins perdu.

Ce jugement explique l'absence de tout un registre d'acteurs dans vos films ?

La seule langue parlée possible au cinéma, c'est la langue des gens. S'ils sont de classes sociales différentes, de milieux différents, ils parleront différemment. Ils auront un accent différent, des sonorités différentes, un rythme différent. Je me souviens de cette comédienne de l'est de Montréal qui jouait une *waitress* dans *Red* et qui devait dire : « Salut toi, comment ça marche ? » Elle s'arrête devant la caméra et dit, avec un accent parisien, vaguement parisien : « Ah ! bonjour, comment allez-vous ? » Je l'arrête, je lui demande pourquoi elle change le dialogue et prend cet accent. Elle me répond, fâchée : « Câlisse, j'ai pas fait trois ans de conservatoire pour me mettre à mal parler dans les vues ! » J'eus beau lui expliquer que mal parler, ça n'existe pas, que

181

c'est toujours un jugement moral... rien n'y fit. La scène est dans le film, muette maintenant. C'est embêtant plusieurs accents dans un même film, mais que veux-tu ? C'est le prix à payer pour la justesse des personnages. Seuls les cinéastes américains — et italiens autrefois — font ça impunément.

Moi ça m'a valu beaucoup de vilaines critiques : on parlait de manque d'unité, etc.

Vous aviez aussi des alliés ?

Je les choisissais. Pour *La vie heureuse de Léopold Z*, j'ai choisi Guy L'Écuyer parce qu'il parlait québécois à la télévision sans chauvinisme. Il n'avait pas l'air de toujours dire : « Voilà, je parle québécois, c'est beau, hein ? » Il bégayait un peu, mais, comme Louis Jouvet, il avait trouvé des trucs pour surmonter cette faiblesse. Ce petit défaut m'a conforté dans mon choix. Comme dans *La postière*, un petit défaut à un œil m'a conforté dans le choix de Steve Gendron pour jouer l'enfant aveugle. Un acteur sans défaut, c'est presque toujours dommage. Heureusement, ils sont peu nombreux ! Un accent, comme un défaut, accroche l'attention du spectateur et prévient souvent toute contrefaçon.

Avez-vous participé à certains des nombreux débats publics sur la langue québécoise qui ont soulevé des passions dans les années soixante-dix ?

Non, je n'avais vraiment pas le temps. La première personne qui m'ait influencé sur le plan de la langue, bien avant Michel Tremblay, je l'ai dit, c'est René Bail avec *Les désœuvrés. Les belles-sœurs* arrivent en 1967. Mais dix ans plus tôt, les Québécois n'étaient pas passés par la révolution tranquille et n'étaient pas prêts à entendre René Bail. Ils étaient prêts à recevoir un théâtre conventionnel, teinté de québécois, mais pas prêts pour le choc réaliste du vrai joual, né dans la misère urbaine. Il faut se rappeler que dans les années cinquante on parlait encore de promouvoir le « bon parler français » dans les écoles et la fonction publique.

Dans les années soixante, on a tourné quelques films qui sonnaient bien peu québécois, Délivrez-nous du mal, YUL 871, Le festin des morts.

Sans réfléchir, j'ai dit non à ce type de film. Sans doute parce que j'étais trop orgueilleux pour recourir à l'étranger. Ça me paraissait malsain, en tout cas. Mais tout de suite après *La vie heureuse de Léopold Z,* je me suis dit qu'il ne fallait quand même pas devenir chauvin ni fanatique de notre façon de parler. Le joual c'est un merveilleux idiome pour écrire du dialogue — la « cerise qui tourne sur le top du char de police » pour gyrophare ! —, mais c'est peut-être un piège, une facilité. C'est une manière de parler qui évolue à une rapidité extraordinaire, qui fabrique de nouveaux mots, de nouvelles expressions, à une vitesse inouïe. Au risque d'être tout de suite désuet. On n'entend déjà plus la langue de Tremblay dans la rue. Mais personne ne parle comme Bernard Derome non plus. Tous ceux qui étaient convaincus que bien parler à la télévision influencerait tout le monde dans le sens d'une langue populaire meilleure se sont trompés royalement. Au contraire, le joual s'est élargi et diversifié, et c'est normal : une langue de rue — ou de cuisine, comme le latin populaire d'autrefois — possède une dynamique interne bien supérieure à la langue de l'Académie française. Le joual n'hésite pas à absorber des mots étrangers, à en détourner d'autres ou à leur trouver un nouvel accent — le joual est une langue qui n'a pas peur des mots.

Chercher à améliorer la langue, c'est commettre une erreur : elle s'améliore toute seule quand la nécessité est là. Si deux types parlent joual, ils ne se disent pas « Nous parlons mal ! » C'est toujours quelqu'un d'autre qui le dit, quelqu'un qui les écoute avec malveillance et les juge. Il n'y a pas de milieu linguistique qui n'invente pas, sauf peut-être l'Office de la langue française à Québec.

Au contraire, l'Office de la langue française a fait preuve de beaucoup d'invention, ce qu'on lui a plus d'une fois reproché.

Les mots suggérés par l'Office de la langue pour remplacer des mots anglais sonnent presque toujours faux. Imposer le mot arrêt sous le mot stop à tous les coins de rue est ridicule. Le mot stop est compris dans le monde entier. C'est difficile de renommer une chose que le peuple a déjà nommée. Et le génie de la langue appartient d'abord au peuple. En tant que cinéaste, on ne peut avoir de préjugés de classe.

Vous avez beaucoup écouté les gens pour nourrir vos scénarios ?

Je n'écoute pas spécialement pour un scénario, j'écoute tout le temps. Parfois même, j'enregistre. C'est ce qui m'a permis de faire des rapprochements entre la langue monta-gnaise et certaines sonorités de la langue québécoise. Et entre ces sonorités et la langue américaine. Pas celle du

184

Texas ou de Californie — nous n'avons pas la même géographie acoustique —, mais celle de la côte est. Les sonorités ont tendance à y être les mêmes. La musique des voix se ressemble. Pas le son, mais les sonorités. Pas les accents, mais les rythmes. Je suis très attentif aux sonorités de n'importe quelle langue, en fait. C'est bizarre, mais la critique de cinéma ne s'arrête jamais, ou presque jamais, à la trame sonore d'un film. À la qualité d'enregistrement des dialogues. Celle du bruitage, des ambiances, du mixage. Pourtant, la création de la trame sonore prend autant de temps que l'image, parfois davantage. Pour ma part, j'ai souvent travaillé avec acharnement pour créer une trame sonore parfaite, où l'on entend des bêtes à cinq milles, avec un fond sonore puissant et des voix qui restent dans un registre normal. Comme je suis très attentif à la trame sonore, j'ai été incapable de supporter *Jurassic Park* jusqu'à la fin : trop de sons pour ce que l'image peut supporter.

Ce choix de la langue québécoise a piqué la curiosité des Français et certains de vos films y ont été sous-titrés. Cela vous gênait ?

Lorsqu'un film est sous-titré dans la même langue, en français pour des Français, les gens lisent très vite. C'est pourquoi je sous-titre exactement ce qui est dit à l'écran sans changer un mot. Car c'est presque toujours l'accent qui fait problème, pas le mot. Le joual, c'est quand même du français, la syntaxe française est là. Si un personnage disait : « Aïe, câlisse viens drette icitte, toi ! », c'est exactement ce qui apparaissait à l'écran. Dans *La mort d'un bûcheron*, quand Willie Lamothe observe Carole Laure à la danse et lui dit : « Ouais, tu swingues ben, tu grouilles en masse ! », on a eu tort de changer les mots.

Vous avez utilisé ce procédé pour plusieurs films ?

Trois ou quatre. Les Français n'ont pas mis longtemps à nous comprendre.

Êtes-vous satisfait de vos dialogues ?

C'est ce qu'il y a de plus difficile à écrire et de plus facile à la fois. Si une langue n'est pas juste par rapport au personnage, on construit des personnages qui paraîtront faux même à une assistance japonaise. Drôle de phénomène. Par contre, dans un film à caractère international genre *Robocop* par exemple, on peut employer la langue que l'on veut, la plus primaire, la plus sommaire. Mais il faut toujours que la langue soit dynamique, comme l'histoire, l'action, le jeu des acteurs, c'est là le secret. Pas d'explications, elles ont tendance à tout figer.

Le véritable problème des dialogues se pose dans les films d'époque : quelle langue utiliser ? Comment parlaient les gens, avec quel accent, quel rythme, quelle voix. Pour notre plus grand malheur, nous n'avons pas d'enregistrement d'une conversation au moyen âge ! Ni d'un monologue de François 1er à la cour !

Il y a deux choses qui vieillissent très vite au cinéma, le futur et l'ancien.

Que faites-vous de vos films historiques, Les Plouffe *et* Maria Chapdelaine *?*

La réalité de ces films est connue. Ils ne sont pas complètement dépassés sur le plan de la langue : les premiers enregistrements de la voix humaine datent de 1877. Il y a de très bons enregistrements de voix qui datent du temps où vivait Maria Chapdelaine. Mais il y a un hic : on ne sait pas comment parlaient les paysans en général et les nôtres en particulier. Ce ne sont que chanteurs célèbres, que discours politiques, etc. — des voix en représentation qui n'ont rien à voir avec le parler quotidien. Pour *Maria Chapdelaine*, j'ai opté pour une langue actuelle, sans mots modernes et parlée très normalement. Je voulais surtout éviter la grande fausseté de la télévision où, pour avoir l'air habitant, on multiplie les : « Rapport que la semaine dernière... » ou « Dommage que vous vinssiez asteure... » Le héros doit se sentir bien dans sa langue comme il se sent bien dans ses vêtements. La seule loi, c'est d'écrire de bons dialogues.

Chose rare.

Et la langue des gens à qui vous donnez la parole dans vos documentaires ?

Bernard Gosselin a raison quand il affirme que certaines personnes ne valent plus rien devant une caméra parce que leur intention est de mentir. Nous vivons dans une civilisation qui ment. Nous apprenons à mentir aux enfants, aux Indiens, aux immigrants, qui vont devenir, eux aussi, de mauvais sujets. C'est aujourd'hui difficile de trouver un être qui accepte de s'exprimer librement : il a toujours la langue de son rôle social, une langue de président, de vendeur, de politicien, de curé, d'avocat, de psychologue, etc. Jamais la sienne. Pour contourner cette difficulté — ce danger —, j'ai développé mes propres méthodes d'interview. Je suis devenu l'anti-Pierre Nadeau, l'anti-Bernard Derome ! Lorsque j'ai réalisé *Jouer sa vie* en 1982, c'était le premier film sur les échecs depuis *La fièvre des échecs,* réalisé par un Russe, Vsevolod Poudovkine, en 1925. Aussi, les joueurs d'échecs n'avaient jamais été interviewés pour la télévision ou le cinéma. Ils se sont donc livrés avec beaucoup de candeur et d'intelligence, un mélange détonnant qui a fait le succès du film au Festival des films du monde. Le critique du *New York Times* a consacré presque une demi-page au film, en se demandant comment un film sur les échecs pouvait être à ce point aimé du public, qui lui a fait une ovation. Depuis, je ne mets pas en marche la caméra avant d'être sûr d'obtenir le même résultat. La personne que j'interviewe doit me donner les trois choses dont j'ai besoin : l'information, le côté documentaire et l'émotion. En d'autres mots : ce qu'il dit, comment il le dit et avec quelle émotion. Autrement, sans émotion par exemple, rien ne passe.

Dans *Vive Québec !,* j'ai dû faire un gros travail de préparation — pas de manipulation — pour obtenir des réponses spontanées mais précises, documentaires mais émotives. Quand je ne recevais que des réponses froides, officielles, je coupais et je recommençais plus tard. Souvent une interview ne servait qu'à en préparer une autre. Il faut être patient. Ou alors, je posais des questions surprenantes à l'improviste, sans donner aux gens le temps de se figer. Le résultat a été probant. Il me serait difficile de faire la même chose avec des gens vus trop souvent dans l'actualité, mais c'est possible. Pourquoi veut-on toujours perdre son accent ? Pourquoi craint-on de rire, de se fâcher, de pleurer ?

Chloé et moi regardions un jour une émission de télé, un espèce de forum où on avait réuni des femmes qui, dans un moment de démence, avaient tué leur enfant. Le ton de ces femmes me paraissait bizarre, trop prosaïque peut-être. Chloé me fait alors cette réflexion : « Elles ont tué leur enfant, on les écoute et on s'ennuie... Pourquoi ? En fait, ce ne sont pas elles qui parlent, mais leurs psychologues. » À ce moment-là, l'une des femmes dit : « Ce n'est pas moi qui ai tué mon enfant, mais un autre moi que j'ignorais et qui était en moi. » Elles parlaient de leur ego, de leur moi comme de quelqu'un d'autre.

Il faut savoir distinguer quand les gens mentent, parce qu'eux aussi, maintenant, ont une idée du cinéma et de la télévision. Et ils sont souvent plus malins que nous.

Vous venez de tourner Le sang du chasseur *et* L'honneur des grandes neiges *à la fois en français et en anglais. Dans quelles circonstances avez-vous tourné en 1975 un premier moyen métrage en langue anglaise,* A Thousand Moons *?*

C'était un film qui faisait partie d'une série télévisée torontoise qui correspondait au *Movie of the Week* américain. Elle s'appelait *For the Record*. Assez bizarrement, ma productrice s'appelait Anne Frank, mon producteur délégué Sam Levene, ce qui faisait penser au fameux Joe E. Levine de New York, et mon producteur, John Kennedy. Comment ne pas avoir l'impression de travailler avec des morts-vivants ?

On m'a tout simplement appelé de Toronto. En tant que réalisateur, on ne sait jamais ce qui amène un producteur à vous appeler. On peut vous proposer les choses les plus bizarres, un film de sexe dans l'Arctique ou un documentaire sur les plumes d'autruche, mais cette fois-là on m'avait probablement appelé parce que je connaissais — ou j'étais supposé connaître — le monde des Indiens. Peut-être avait-on appris que j'avais vécu en Abitibi et que j'étais né à Maniwaki ? Ou appris que mes deux grands-mères étaient algonquiennes ? En tout cas, il s'agissait de l'histoire d'une vieille Indienne têtue vivant à Toronto qui voulait aller mourir dans le nord du Canada, dans sa tribu. Là seulement, croyait-elle, les esprits viendraient chercher son âme pour l'amener au paradis. Sujet fort intéressant, d'autant plus que Claude Jutra venait de terminer *Dream Speaker* pour la même équipe de production.

J'ai passé trois mois à Toronto, dont deux à me chicaner avec la scénariste. Non pas que j'aie toujours eu cette envie de changer les scénarios, mais elle voyait les Indiens comme des gens absolument poétiques. Une scène l'horrifiait plus que toute autre, celle où on voyait une petite Indienne lancer des injures à sa grand-mère. C'était pourtant des injures de famille, sur fond amical. Par ailleurs, elle voulait que l'Indienne rêve sa mort, ce qui l'aidait à mourir, une idée peut-être un peu poétique, mais très belle. J'ai négocié l'une pour l'autre.

J'ai tourné un autre film pour le même producteur, *Homecoming* — le titre original était *Lonesome Riders* —, une histoire de cowboys métis gagnant leur vie en allant d'un rodéo à l'autre. Des gitans modernes et bien nord-américains. J'étais très content de ce film parce qu'il rejoignait la vie collective des Non-Status Indians dispersés dans l'ouest du Canada, un peuple oublié. Je viens de renouer contact avec lui dans *Le sang du chasseur*, d'après James Oliver Curwood. J'avais évité le piège de la musique western et opté pour Vivaldi. Pourquoi pas ? Cette musique me rendait le double service de désentimentaliser des scènes où une petite Métisse de douze ans aux yeux bleus et aux cheveux blonds — jouée par Lesleh Donaldson — violentait son père cri — joué par August Schellenberg — en pleurant. Malheureusement, mes producteurs voulaient du sentimentalisme *country*.

Ils ont remixé en remplaçant Vivaldi par la musique de Johnny Cash. Ils ont remonté le film en rajoutant un plan grossi au laboratoire du visage de l'enfant en larmes un peu partout dans le film, comme un leitmotiv. L'horreur ! Heureusement, j'ai eu vent de ce trafic et je me suis arrangé pour surgir à l'improviste dans le studio où il avait lieu. Imagine le reste ! J'ai gagné ma cause.

Vous avez reçu d'autres offres du Canada anglais ?

Des investisseurs de Toronto auraient voulu que je tourne *Pélagie-la-Charrette* en anglais. Le producteur français, Daniel Toscan du Plantier, a répondu : « C'est un film à l'éloge de la langue française, comment peut-on le tourner en anglais ? » Le projet est donc tombé. Il avait raison.

Vous avez collaboré au montage de certains de vos films, et parfois vous les avez entièrement montés.

Lorsqu'il s'agit d'un long métrage, j'essaie de ne pas être là trop souvent, pour que le monteur trouve des choses que je l'empêcherais de voir puisque j'ai une idée préconçue. En règle générale, je pense que je déçois les monteurs car je ne leur donne pas assez de matériel. Dans le cas des documentaires, je travaille en étroite collaboration avec

Werner Nold ou Christian Marcotte. Christian a monté *Vive Québec !* et *Le diable d'Amérique* (plus *La postière*) et Werner presque tous les autres. Yves Langlois a monté mes premières fictions, sauf *La vie heureuse de Léopold Z.*

Vous tournez très serré ?

Pour *La vraie nature de Bernadette* j'ai tourné soixante-dix mille pieds de film, autant dire rien du tout. Je viens de la civilisation de l'économie. La télévision nous a fait perdre cette attitude puisque tourner une heure ou dix heures, c'est la même chose. On efface et on recommence. D'ordinaire, presque tous les plans que j'ai tournés sont dans mes films. Si j'ai pris le temps de tourner un plan, je me dis au montage : il doit servir. Et je m'acharne. Si je ne peux pas faire entrer tous les plans que j'ai tournés, je me dis que la structure du montage ne va pas. On recommence.

À quelle étape avez-vous en tête la musique du film ?

Dès le début, quand je commence à imaginer des scènes, j'entends un certain genre de musique. Toutefois, je ne privilégie pas la musique par rapport aux sons. Il faut qu'on entende la vie derrière. J'associe l'écoute à un plaisir. J'aime beaucoup les sons de la nature, mais aussi ceux de certaines villes, surtout ceux de Toulouse, ma ville « sonore » préférée. Même le bruit des freins des autos y est beau. J'aime aussi les ambiances sonores des villes italiennes. Pour revenir à la musique, quand je passais dans les Cantons de l'Est et que je voyais voler des ultra-légers multicolores, je ne sais pas pourquoi, mais j'entendais toujours du tango. Sans raison. Peut-être à cause des champs, des Montérégiennes. J'avais d'abord demandé à Osvaldo Montes de faire pour *La guêpe,* une musique de piano dans le style des *Gymnopédies* d'Éric Satie, j'ai ajouté un tango au bandonéon. Je voulais faire pour la première fois un drame total, sans humour, une sorte de thriller méditatif et beau. Plus tard, devant l'insuccès, je me suis dit : un film où on ne rit jamais n'est pas un film sérieux.

Pas un film de Gilles Carle...

Non. J'aime quand les gens rient...

Pendant toutes ces années, avez-vous connu des pannes, des passages à vide ?

Je n'ai jamais manqué d'idées, donc jamais de travail non plus. On a fait mille films sur l'imprimerie ; je pourrais en tourner un autre très différent demain matin. Aucune idée n'est épuisée. Et puis, il faut dire que j'ai tout tenté : long métrage, court métrage, fiction, documentaire, théâtre, télévision, publicité, spectacle de variété, écriture de chansons... tout ce qu'il faut pour survivre dans un petit pays. Je pourrais d'ailleurs sans regret retourner à mon premier métier, la peinture, le dessin, les arts graphiques. Actuellement, je discute avec Gilbert Rozon d'un projet de fresque audiovisuelle qui unirait tout ça. Et il se trouve des gens qui disent reconnaître mon style !

Pourquoi en êtes-vous étonné ?

Quand j'étais aux Beaux-Arts, on ne disait pas style mais manière. Un peintre avait une manière à lui ou n'en avait pas. Pellan m'a dit un jour : « Là tu prends ma manière à moi, il faut trouver la tienne. Ne cherche pas trop, elle viendra ! » J'aime mieux penser que j'ai une manière de faire les choses, comme ma mère avait une manière de rouler la pâte, que de croire que j'ai un style. Le mot style convient mieux à l'écriture, je crois, qu'au cinéma. C'est le geste même d'écrire, le mouvement de la pensée. Cela dit, est-ce que j'ai une manière à moi de faire du cinéma ? Je ne crois pas. À moins qu'un style, une manière, ce ne soit un ensemble de défauts ! De Keaton seulement, je dirais qu'il a un style. Peut-être aussi de Renoir.

Par exemple, les clins d'œil surprenants sont dans votre manière.

Des clins d'œil ou des trucs ? Parfois il en faut pour prendre des raccourcis pour fournir une information rapide mais difficile. Par exemple, les noms des trois plus grands joueurs d'échecs au monde dans *Jouer sa vie*, Viktor Kortchnoï, Anatoly Karpov et Bobby Fischer. Comment faire pour que le spectateur non initié au jeu retienne ces noms ? J'ai utilisé d'abord des trucs graphiques, jouant sur le fait que la sonorité de chaque nom correspondait à un personnage de film : Kortchnoï, le scélérat, le vicieux dissident, Karpov, le savant diabolique, et James Fischer, le brave cowboy qui lutte tout seul contre les méchants Russes. Ensuite, une musique correspondante. Enfin, j'ai changé, pour bien montrer la complexité de leur combat hautement politisé, les couleurs des cartes géographiques : le drapeau américain a pris les couleurs du drapeau de l'URSS et vice versa. Le chœur de l'Armée rouge chante pendant ce temps-là « It's a long way to Tipperary ».

Pourquoi sont-ce de bons trucs ? Parce qu'ils fonctionnent. Mais ça ne me fait pas un style !

Parfois l'idée ne vient même pas de moi. Dans *La vraie nature de Bernadette*, ça m'ennuyait que Bernadette emménage dans une maison vide comme on l'avait vu des millions de fois au cinéma. Jocelyn Joly m'a proposé un truc génial : que la cuisine ait servi d'écurie et que dans le salon, il y ait un vieil arbre de Noël encore tout décoré. Ça laisserait supposer que la famille qui habitait la maison avait été obligée de fuir en toute hâte la veille de Noël — un mort dans la parenté, un accident terrible quelque part —, abandonnant tous les cadeaux. À partir d'une telle situation, le premier mot que dit un comédien va faire mouche, peu importe ce que ce sera. J'aime ce genre d'idées parce qu'elles sont dynamiques. C'est ça ma manière peut-être : chercher la vie partout, même dans un arbre mort.

Chez vous, le cocasse cohabite naturellement avec le drame.

Ce n'est pas du cocasse. Ça peut rejoindre les surréalistes, mais pas toujours. Ce n'est pas davantage de l'insolite. C'est plutôt du familier retrouvé. La salamandre vivante sous le caillou. Je choisis chaque accessoire pour sa qualité de vie, rien de moins. Je fais des erreurs volontaires. Dans *Les mâles*, le personnage du poète, un peu précieux et raffiné, est habillé comme un homme des bois, le bûcheron porte un feutre. Je mets des pommes sur une table de billard, des lézards dans la neige, comme dans *La guêpe*. Le premier titre que j'ai trouvé pour *La vie heureuse de Léopold Z* était *Un cactus dans la neige*.

Vous aimez les effets de rupture, les combinaisons inattendues ?

Oui, c'est pour moi une façon de me débrouiller avec la réalité. Et la réalité, parfois, c'est l'ennemie. Il faut la mettre en désordre, la casser pour mieux la voir, la comprendre. Je demande d'abord à Jocelyn Joly, mon décorateur, de me faire un décor parfait, à Ronald Fauteux, mon accessoiriste, de trouver des accessoires parfaits, même chose au costumier, et puis je m'amuse à semer l'anarchie dans tout ça. Je cherche des « maladresses supérieures ». Quand Ronald Fauteux entre chez un antiquaire et découvre un objet ou un meuble étrange qui vient d'un pays inconnu, il me l'apporte : il sait que je lui trouverai une place.

Au fond, je ne cherche pas le désordre, mais un ordre plus secret. C'est ainsi, par exemple, que dans *La tête de Normande St-Onge* la salle de bains est littéralement envahie par des centaines de tubes de pâte dentifrice, de savons, de rasoirs jetables, trois douzaines de séchoirs à cheveux... Je me suis souvenu à temps que Normande travaillait dans une pharmacie, donc qu'elle était susceptible de voler son patron.

Vous ne laissez pas ces détails aux accessoiristes, aux costumiers et aux décorateurs ?

Non. Au début, ils me disaient que ce que je demandais ne se verrait pas à l'écran. Je répondais : « Ce qu'on ne voit pas à l'écran, c'est le plus important. » Ça, ils le savaient, mais à ce point-là !

Votre capacité de changer, de bouger rapidement s'adapte très bien au documentaire.

Je ne laisse rien de côté, même ce que les autres mettraient au panier... Le cinéma m'intéresse quand il couvre tout en même temps. Mais il y a des gens qui décrochent de mes films pour cette raison. Ils ne veulent suivre qu'une seule piste à la fois. Ces gens-là ne lisent pas les livres de Kundera, ne voient pas les films de Bunuel et n'écoutent pas les chants polyphoniques des Indiens du nord du lac Supérieur, c'est certain. Ce qui est intéressant, c'est d'avoir une idée féconde, multiple, qui éclate dans tous les sens. Une sorte de mini-Big Bang ! Dans mes documentaires, *Jouer sa vie, Ô Picasso, Le diable d'Amérique, Vive Québec !*, je n'ai pu faire que comme ça.

Vous traitez tous ces sujets avec humour.

De l'humour, on m'en accorde beaucoup. Est-ce que c'est toujours de l'humour ? Je trouve souvent des choses restées longtemps « introuvées », comme la séquence de l'herbe à puces dans *Vive Québec !* Qui, sauf le botaniste Guy Baillargeon et moi, s'était intéressé avant au fait que les soldats de Wolfe avaient attrapé des démangeaisons ? Ça fait rire. On dit alors que j'ai de l'humour. Mais on peut faire rire les gens simplement en faisant trébucher quelqu'un ou en lui faisant dégringoler un escalier. Ce n'est pas de l'humour, ça. J'ai écrit une comédie pour Olivier Guimond sur un *pattern* de vaudeville, pour un spectacle qu'il donnait à Rigaud en compagnie de Denis Drouin et de Paul Desmarteaux. J'exploitais à fond son habilité, je devrais dire sa virtuosité physique, il faisait des chutes terribles, s'écrasait le nez par terre, s'aplatissait dans la fosse d'orchestre, basculait, se dévissait, se tordait... et le public riait aux larmes. C'était drôle, mais ce n'était pas de l'humour. Qu'est-ce que l'humour ?

Je vois l'humour comme quelque chose de très subtil, une sorte de manœuvre de l'intelligence dirigée contre soi-même. On ne peut pas décider d'avoir de l'humour. Il faut que l'occasion se présente, être disponible. J'espère être disponible parfois, c'est tout. Je suis loin d'être un humoriste.

Quand vous terminez un film, l'idée du suivant s'impose-t-elle aussitôt ?

Le suivant est déjà prévisible. Ce que je jette aujourd'hui, je le reprends plus tard. Il ne faut rien jeter. Je rêvais de *Maria Chapdelaine*, j'ai réalisé *La mort d'un bûcheron*. *La vraie nature de Bernadette* existait déjà dans *Les mâles*. Tout se passe en continuité. J'ai à peu près dix ou douze scénarios — pas tous de moi — qui n'attendent qu'à être tournés. Mais comme la vie est changeante, il faut modifier constamment ses idées et ses scénarios. Il n'y a rien d'infilmable, mais il y a le bon moment pour le faire.

En fait, cela vous stimule d'entendre dire d'un sujet qu'il n'est pas filmable.

Peut-être ! Peut-être que le hockey n'est pas filmable parce qu'on a l'impression d'être à la télévision, où il y en a trop. Mais j'aimerais consacrer un film à ce sport, sur le fait qu'il vienne de la crosse, qu'il doive être nécessairement violent parce que c'était une école d'héroïsme et de volonté pour les jeunes Indiens. On se blessait souvent. Il pouvait même y avoir des morts au cours d'une partie ! Je parlerais de la naissance du hockey à McGill, j'essaierais de savoir d'où vient le mot... peut-être qu'il remonte à des millénaires puisque les Indiens sont aux environs de Montréal depuis cinq mille ans. Mais je ne m'arrêterais pas là : il y a une géographie sportive dans le monde. Nous n'avons pas inventé le billard, mais des sports qui sont des moyens de combattre le froid, ni le curling, ni la pétanque. Pourquoi pas le curling ?

J'aimerais beaucoup faire un film sur l'histoire de la pizza, un mets à l'origine si pauvre qu'on devait manger l'assiette ! On ne le sait pas, mais il y a une guerre de la pizza dans le monde aujourd'hui. Il s'ouvre tellement de nouvelles pizzerias — elles sont en train de couvrir la planète ! — que les gens des alentours bombardent les plus récentes avec des pavés ou des cailloux. À partir de la pizza, mon film ferait l'histoire de l'immigration en Amérique, la pizza grossissant, s'enflant à mesure que les immigrants s'enrichissaient.

Votre seule pièce de théâtre s'intitule La terre est une pizza.

J'avais entendu un astronaute dire que de loin la terre ressemblait à une pizza... Je voulais faire un petit film de fiction autour de la cafétéria de l'ONF. Un soir, j'y suis resté seul et je me suis dit que c'était un endroit parfait pour répéter. Pourquoi ne pas faire une pièce autour d'une répétition ? Ça c'est d'abord appelé *Rush* — comme le rush de midi. Chloé a sorti cette pièce de mes tiroirs, Paul Buissonneau l'a mise en scène et finalement il y a eu une centaine de représentations, la plupart en France. Elle avait été remarquée au festival d'Avignon.

Vous n'avez pas eu envie de poursuivre dans l'écriture dramaturgique ?

Non. Au fond, écrire une pièce ou un scénario, c'est pareil. Mais j'ai plus d'expérience dans l'écriture de scénario. Très souvent, j'entreprends un roman et il se transforme en scénario...

Vous critiquez durement certains de vos films. Avez-vous déjà eu l'impression d'avoir complètement raté votre coup ?

Jamais totalement. Mais je vois beaucoup de ratages ici et là. La première partie de *La mort d'un bûcheron*, par exemple. Je ne l'aime pas. Je n'aime dans *Les corps célestes* que le premier tiers. Dans ce film, j'ai vraiment passé près d'un ratage intégral ! Dans *Red* aussi ! La liste serait longue.

Mais je ne peux pas la dresser moi-même parce que je ne revois jamais mes films, sauf un ou deux, dont *Jouer sa vie*. On y parle de tout à la fois, on fait des digressions incroyables, des accrocs à la continuité, j'aime ça ! Dieu, les Juifs, le moyen âge, les sous-marins atomiques. La montée du pion qui suit la montée du socialisme. La révolution française qu'on découvre sur l'échiquier vingt ans avant qu'elle n'ait lieu, parce que Philidor, champion du monde aux échecs et fondateur de l'Opéra bouffe à Paris, disait : « Le roi et la reine, c'est fini. Maintenant les pions sont les maîtres de l'échiquier. » La reine était devenue ultra-puissante au moment où les femmes du moyen âge dirigeaient en secret la vie politique. L'échiquier était le seul prétexte qu'elles pouvaient évoquer pour inviter un homme dans leur chambre. On faisait quelques parties rapides avant une longue nuit d'amour, ou le contraire ! Et puis dans *Jouer sa vie,* on voyait Bobby Fischer pour la première fois à l'écran. Camille Coudari avait déniché, Dieu sait comment, un petit film amateur 8 mm où on le voyait jeune, à l'âge de treize ans, à l'université McGill !

Vous jouez beaucoup aux échecs ?

Je ne suis pas un bon joueur, mais au moment où je travaillais à *Jouer sa vie* je jouais beaucoup et j'aimais ça. Comme le dit Camille Coudari, il y a quelque chose dans le jeu d'échecs qui rejoint les étoiles. C'est infini. Il y a plus de parties d'échecs possibles sur un échiquier qu'il n'y a d'atomes dans le monde visible. Un univers de combinaisons, l'effet papillon. Un papillon bat de l'aile en Chine, cela crée une petite onde mécanique, qui rencontre une autre onde mécanique qui la grossit, et encore une autre. Un grossissement s'enclenche et cela devient un ouragan au-dessus de Cuba. Les ouragans partent de rien et les petites choses sont ainsi capables de grandes choses. Il suffit de changer un pion sur l'échiquier et tout change. Un peu comme le cinéma, où une petite idée aboutit à un grand film, comme *La strada.* Avec de grandes idées, c'est le contraire : on risque de n'aboutir nulle part.

Vous avez été très prolifique.

Je l'aurais été davantage si j'avais eu de l'argent.

Vous n'avez jamais eu l'impression d'avoir fait le tour du cinéma ?

Non.

Pourquoi ?

Parce que le cinéma, c'est la vie. Est-ce qu'on peut avoir fait le tour de la vie ? Le cadrage, la lumière, le travail de toute l'équipe, une idée de film et toute une nouvelle vie s'amorce, qui n'est pas la vie réelle, mais qui n'est pas une autre vie non plus. C'est comme un vaisseau spatial : on n'a pas l'impression d'avancer, mais on avance à cinq mille kilomètres à l'heure, on ne sait pas d'où l'on vient, où l'on va et pourquoi on est là. Mais, si la machinerie fonctionne bien, on n'a pas le goût d'interrompre le voyage. Personne ne triche. Surtout pas moi, le pilote-metteur en scène ! C'est ce que j'aime du cinéma, tout le monde est du voyage.

Je n'aime pas les trucs de mise en scène. Je pense, au théâtre, à ce *Malade imaginaire* que j'ai vu à Paris où les personnages passaient d'une fenêtre à l'autre de chaque côté de la scène, suspendus à des câbles. C'était tricher. Ou à ce *Misanthrope* où tous les personnages avaient un polaroïd dans les mains et se prenaient en photos. C'était tricher aussi. Moi, j'essaie de cacher ma mise en scène. Je ne veux pas que le spectateur pense à la caméra, je ne veux pas de prouesses... Je veux que le voyage se passe bien.

Vous ne voulez pas d'une mise en scène flamboyante.

Je n'aime pas les trucs de scénarisation non plus, même si j'ai mes petits trucs à moi ! Les histoires avec les animaux m'agacent beaucoup. On y filme d'abord des animaux, à l'état sauvage, on regarde ce qu'on a, puis on bâtit une histoire autour en leur prêtant des comportements humains. Deux loups s'affrontent pour une femelle, on en fait une histoire personnelle. C'est une tromperie. En fiction, cette tromperie peut toujours s'accepter, pas dans un documentaire. Je pense notamment à ces plans de troupeaux de gnous, d'éléphants ou de caribous qui fuient l'avion ou l'hélicoptère qui les filme, alors que le commentaire parle de transhumance et de migration. Le film *La fête sauvage*, par exemple. En fiction, le truc mensonger c'est une voiture poursuivant un homme dans une ruelle ou d'autres trucs du genre. Moi, je décroche. Peut-être que je suis mauvais spectateur ! Il y a évidemment des mensonges bien pires dans les médias. Le plus grand mensonge s'est produit en Roumanie, à Timisoara, à la fin des années quatre-vingt. Ceaucescu, le dictateur, venait d'être tué. On parlait d'un charnier de soixante mille cadavres enterrés près de la ville, alors qu'il y en avait exactement six, filmés par des amateurs. Toutes les télévisions du monde ont parlé de ce charnier imaginaire, inventé par des esprits délirants, comme d'une pure vérité.

L'idée que le film vous permette de passer à la postérité vous plaît, vous rassure ?

Si je voulais passer à la postérité, je ferais de la sculpture comme les Esquimaux. Une petite sculpture inuit a plus de chance de passer à la postérité que *Le viol d'une jeune fille douce* de Gilles Carle.

On ne se souviendra toutefois pas du nom du sculpteur...

Ni du mien. Tous les films sont destructibles. L'émulsion disparaît, ils peuvent brûler, exploser. On s'en rend compte tout d'un coup. J'ai presque fait une dépression nerveuse le jour où j'ai vu un de mes films devenir brunâtre, presque sépia, littéralement en train de se détruire. J'ai téléphoné à Robert Daudelin pour savoir comment les films sont conservés à la Cinémathèque québécoise...

Qu'aimeriez-vous que l'on dise de vos films ? Qu'ils aident les gens à vivre, qu'ils les ont fait rire, qu'ils les ont touchés, qu'ils sont porteurs de messages ?

Quelqu'un a dit de mes films que je peignais des images, des sons, des paroles. C'est peut-être vrai. J'ai l'impression parfois de faire une œuvre picturale. Mais c'est faux, évidemment. Les voies du cinéma, comme les voies de Dieu, sont des voies secrètes. On a tort de croire qu'un film peut parler exactement dans le sens qu'on a imaginé. J'accepterais que mes films ne disent rien s'ils pouvaient rehausser un peu l'amour qu'on peut avoir pour l'humanité.

Ces dernières années, vous avez consacré beaucoup de temps à la défense des droits des réalisateurs, vous êtes monté au créneau en France au sujet des interruptions publicitaires pendant les films, vous vous êtes engagé à la Société des auteurs et compositeurs dramatiques, la SACD. La défense des droits des réalisateurs exige encore beaucoup de travail ?

Maintenant plus que jamais. Il est très important de protéger nos auteurs, pour que tout le monde n'écrive pas toujours le même scénario sur le modèle américain d'un film produit par Hollywood à cent millions de dollars. Il faut protéger la diversité. Même en Europe, certaines personnes se battent pour que le cinéma adopte une langue unique, l'anglais, animé d'un esprit unique, américain. Ces personnes confondent l'international avec l'universel. Certains veulent tellement être américains qu'ils proposent que les auteurs du film soient les producteurs, comme aux États-Unis. Comme si on disait que Dick Irvin est l'auteur des buts de Maurice Richard ! C'est ridicule, mais c'est comme ça.

Aux États-Unis, le cinéma, comme toute chose intellectuelle, est considéré sur le même pied qu'une automobile ou une bouteille de Coca-Cola. Ce n'est pas innocent, comme toute idée mercantile. Ça favorise les marchands, tandis qu'une idée plus culturelle, disons, plus digne, favoriserait l'auteur, chose inconcevable pour eux. Les Américains font d'énormes pressions, comme on l'a vu au Gatt récemment. Ils haïssent « l'exception culturelle » à mort ! Certains pays ont déjà donné aux films américains des droits de passage très importants en retour de ventes de blé.

Il y a plusieurs années, j'étais en France, je regardais parfois la télé l'après-midi où, entre deux séries américaines, entre deux programmes locaux, passait parfois un petit film de l'ONF. Je ne connaissais pas le droit d'auteur, mais je me suis demandé ce que ça rapportait à l'ONF, et à l'auteur. Un ou deux coups de téléphone et j'ai appris que chaque fois qu'un film français était présenté à la télé québécoise, court ou long métrage, l'auteur percevait des droits. Mais nous n'avions pas la réciproque. Bizarre. J'ai commencé à m'intéresser à la question.

Quelques années plus tard, de nouveau à Paris, quelqu'un de la SACD me déniche à l'hôtel — comment ? — et m'apprend que j'ai des redevances assez importantes qui m'attendent pour *La mort d'un bûcheron*. Il me suffit de signer un feuillet d'authorship, c'est tout. Cette fois, ce n'est plus uniquement mon attention qui s'éveille ! Mais je suis un homme occupé, les choses en restent là. Revenu à Montréal, je reçois un appel d'Élisabeth Schlittler, directrice du bureau de la SACD à Montréal. Quoi, un bureau de la SACD à Montréal ? Oui, depuis 1934 — très secret, ce bureau ! —, mais Élisabeth Schlittler vient tout juste d'être nommée. Nous sommes en 1987. Les choses s'enclenchent vite. Sous prétexte de me donner des cours de droit d'auteur, Élisabeth m'engage dans un combat qui dure encore !

J'apprends la différence entre le droit d'auteur européen, très protecteur pour l'artiste, et le droit américain, le *copyright*, qui n'est qu'un acte de vente définitif soumis à des contrats individuels. Le droit d'auteur européen date de Beaumarchais. La différence de base entre la conception européenne et son équivalent américain est très simple : l'artiste, aux États-Unis, fait l'œuvre, donc il peut la détruire, la vendre ou la louer, alors que dans le droit européen, c'est l'œuvre qui fait l'artiste. L'œuvre ne pouvant se vendre elle-même, le droit de l'auteur devient imprescriptible, c'est-à-dire invendable. L'auteur lui-même ne peut pas. L'approche américaine consiste à se débarrasser de l'auteur le plus vite possible. On lui donne un forfait, c'est fini. Une approche est dynamique : tant que l'œuvre est vivante elle rapporte à l'auteur ou à ses descendants. L'autre est ponctuelle et, à moins d'un bon agent, elle ne rapporte qu'une fois. Dans ce système, on retrouve toujours quelques auteurs très riches et des petits auteurs qui crèvent de faim.

Le droit européen est beaucoup plus généreux pour les débutants, pour les artistes inconnus, parce qu'il met tout le monde sur un pied d'égalité. Pour nous, du Québec, si le modèle américain est garant de la nouvelle loi canadienne, nous n'aurons plus qu'un seul recours pour survivre : l'indépendance demain matin !

Les réalisateurs vous semblent-ils suffisamment mobilisés ou inquiets par rapport à ces questions ?

Les réalisateurs québécois le sont beaucoup plus que les Canadiens anglais, fascinés plus que nous par le système américain. Or, ils forment la majorité et c'est l'État fédéral qui décide. Le lobby américain de Jack Valenti tente de faire croire que le modèle européen est désuet, qu'il est d'arrière-garde parce qu'il parle de culture, de patrimoine culturel et de liberté nationale sur l'autoroute de l'information. Les Américains veulent être « mondiaux », c'est-à-dire que le monde entier adhère à la culture américaine. C'est pourquoi Jack Valenti n'aime pas ces petites souris que sont les petites cultures. Elles rongent par la base le gros édifice du rêve américain !

Valenti délègue Kirk Douglas à la télévision pour qu'il dise du droit d'auteur : « That shit from Europe ! »

Lorsque vous parlez de la situation des auteurs, vous traduisez un sentiment de dépossession.

Oui. Que les laboratoires de films soient considérés par la loi comme les auteurs du film est une aberration mentale !

Dans notre système par ailleurs, la plupart des œuvres ne sont pas rentables.

À toutes fins utiles, les États-Unis sont le seul pays qui ait un cinéma rentable, et les Américains veulent que tout le monde applique les mêmes règles du jeu, ce qui ne peut que précipiter la mort des autres cinémas. Il est difficile d'expliquer tous les enjeux. Aux États-Unis, un bon film est forcément un film rentable et si on dit de *Gone with the Wind* que c'est un chef-d'œuvre c'est simplement parce que c'est le film le plus vu de tous les temps. Cette association est enfantine. Si le film d'un auteur supposé difficile comme Jean-Luc Godard est diffusé à la télévision, il perçoit des redevances qui sont les mêmes que celles de Spielberg ou de Fellini. S'il passe plus souvent, il recevra plus d'argent que Spielberg, en présumant que celui-ci ait fait un film en français. Ça, c'est l'argent. Mais il y a aussi la valeur culturelle. Tous les films ne peuvent être rentables, mais tous les films sont importants.

Avez-vous l'impression que le cinéma est à un tournant ou en fin de course ?

Je ne suis pas pessimiste pour le cinéma, mais pour la diversité du cinéma. Le danger pour nous vient de l'uniformisation.

Croyez-vous que le public continuera d'aller voir des films dans les salles ?

Oui, les choses ne meurent pas. Le théâtre n'est pas mort à l'arrivée du cinéma, pas plus que la radio à l'arrivée de la télévision. Le cinéma aussi aurait dû mourir à l'arrivée de la télévision. Il a plutôt grandi et fourni à la télé ce qu'il y a de meilleur. Sans le cinéma — et les téléjournaux — la télévision ne serait qu'un long bavardage bien pensant, qu'une cornemuse remplie de mélasse !

Lorsque vous entreprenez un film, vous dites-vous que vous serez le meilleur, que ce sera votre meilleur film ?

Je veux que ce film soit le meilleur, que les acteurs soient parfaits, que ma façon de filmer soit unique. Mais que tout cela reste discret. Pas de tapage, car toutes les révolutions tapageuses ont échoué. La révolution, c'est un articulet dans une revue scientifique. Mais cet articulet est signé Einstein !

C'est un grand privilège de faire du cinéma. Et le cinéaste ressemble beaucoup au chef d'orchestre. Au lieu de diriger des violons, une guitare, des percussions, il dirige des sons d'oiseaux, des images, des personnages, du vent, des mouvements de cuisses, des scènes d'amour. Il a la vie à sa disposition et il la réarrange, l'orchestre.

Vous arrive-t-il de penser à la retraite ?

Par temps gris, quand le chien du voisin me réveille. Une seule idée me trouble, l'idée que je n'aurai plus d'assez bons yeux, que mes oreilles ne seront plus assez bonnes, que ma santé ne sera plus assez bonne pour que je fasse mon métier. Écrire ne me satisfait pas de la même manière qu'un film. Ni la peinture. Pour tout dire, j'envie Kurosawa qui a tourné *Ran* vers ses quatre-vingts ans.

La mort... c'est quand le chien du voisin ne me réveille plus !

INDEX

211

INDEX

FILMOGRAPHIE COMME RÉALISATEUR

Police
1953 • Coréalisation : Roland Trucheon • Image : Gilles Carle et Roland Trucheon • Montage : Gilles Carle et Roland Trucheon • Noir et blanc • 16 mn.

Dimanche d'Amérique
1961 • Recherche et commentaire : Arthur Lamothe • Image : Guy Borremans • Son : Joseph Champagne, Claude Pelletier • Musique : Antonio Caticchio • Montage : Werner Nold • Production : Jacques Bobet • Narration : Maurice Dallaire • Documentaire • Noir et blanc • 28 mn.

Manger
1961 • Coréalisation : Louis Portugais • Recherche : Arthur Lamothe • Image : Guy Borremans, Gilles Gascon • Son : Werner Nold, Claude Pelletier • Musique : Eldon Rathburn • Montage : Werner Nold • Production : Fernand Dansereau, Victor Jobin • Narration : Jean Sarrazin • Documentaire • Noir et blanc • 28 mn.

Patinoire
1962 • Image : Guy Borremans, Georges Dufaux, Jean Roy • Son : Ron Alexander, Roger Lamoureux, Claude Pelletier •

Musique : Claude Léveillée • Montage : Werner Nold • Production : Jacques Bobet • Documentaire • Couleur • 10 mn.

Natation
1963 • Recherche : Pierre Garneau • Image : Jean-Claude Labrecque, Michel Thomas-d'Hoste • Son : Werner Nold, Claude Pelletier • Montage : Marc Beaudet • Production : Jacques Bobet • Documentaire • Noir et blanc • 27 mn.

Un air de famille
1963 • Image : Gilles Gascon, Jean-Claude Labrecque • Son : Jean-Guy Normandin, Claude Pelletier • Montage : Gilles Carle • Production : Fernand Dansereau, Victor Jobin • Documentaire • Noir et blanc • 25 mn.

Comment mourir au cinéma
1963 • Image : Jean-Claude Labrecque • Montage : Werner Nold • Noir et blanc • 3 mn.

Patte mouillée
1964 • Image : Jean-Claude Labrecque, Michel Thomas d'Hoste • Son : Werner Nold, Claude Pelletier • Montage : Gilles Carle • Production : Jacques Bobet • Documentaire • Noir et blanc • 9 mn.

Percé on the Rocks
1964 • Animation : Bob Verrall • Image : Guy Borremans • Son : Werner Nold • Trame sonore : Maurice Blackburn • Montage : Éric de Bayser • Production : Jacques Bobet • Narration : Luce Guilbeault, Anne Lauriault, Suzanne Valéry • Documentaire • Couleur • 9 mn.

Solange dans nos campagnes
1964 • Scénario : Gilles Carle • Image : Jean-Claude Labrecque • Son : Michel Belaieff • Montage : Werner Nold • Production : Jacques Bobet • Interprétation : Dominique Bourgeois, Hervé Brousseau, Paul Gélinas, Ovila Légaré, Benoît Marleau, Louise

Marleau, Patricia Nolin, Judith Paré • Fiction • Noir et blanc • 26 mn.

La vie heureuse de Léopold Z

1965 • Scénario : Gilles Carle • Image : Jean-Claude Labrecque, Bernard Gosselin • Son : Joseph Champagne • Musique : Paul de Margerie • Montage : Werner Nold • Production : Jacques Bobet • Interprétation : Paul Hébert, Monique Joly, Gilles Latulippe, Guy L'Écuyer, Jacques Poulin, Suzanne Valéry • Fiction • Noir et blanc • 69 mn.

Place à Olivier Guimond

1966 • Scénario : Gilles Carle • Image : Roger Moride • Son : Michel Belaieff • Musique : François Dompierre • Montage : Gérard Hamel • Production : André Lamy • Documentaire • Couleur • 50 mn.

Place aux Jérolas

1967 • Image : Bernard Chentrier, Laval Fortier • Son : Raymond Leroux • Montage : Gilles Carle • Production : André Lamy • Documentaire • Couleur • 55 mn.

Le Québec à l'heure de l'Expo

1968 • Image : Bernard Chentrier • Son : Guy Jude Coté • Musique : Pierre F. Brault • Montage : Gilles Carle • Production : Raymond-Marie Léger • Documentaire • Couleur • 27 mn.

Le viol d'une jeune fille douce

1968 • Scénario : Gilles Carle • Image : Bernard Chentrier • Son : Raymond Leroux • Musique : Pierre F. Brault • Montage : Yves Langlois • Production : André Lamy, Pierre Lamy • Interprétation : Jacques Cohen, André Gagnon, Claude Jutra, Larry Kent, Julie Lachapelle, Katerine Mousseau, Daniel Pilon, Donald Pilon • Fiction • Couleur • 81 mn.

Red

1969 • Scénario : Gilles Carle, Ennio Flaiano • Image : Bernard Chentrier • Son : Réjean Giguère, Raymond Leroux, Don Wellington • Musique : Pierre F. Brault • Montage : Yves Langlois • Production : Pierre Lamy • Interprétation : Geneviève Deloir, Paul Gauthier, Gratien Gélinas, Fernande Giroux, Claude Michaud, Daniel Pilon, Donald Pilon • Fiction • Couleur • 101 mn.

Les mâles

1970 • Scénario : Gilles Carle • Image : René Verzier • Son : Raymond Marcoux • Musique : Stéphane Venne • Montage : Gilles Carle • Direction artistique : Ann Pritchard • Production : Pierre Lamy • Interprétation : René Blouin, Guy L'Écuyer, J.-Léo Gagnon, Katerine Mousseau, Andrée Pelletier, Donald Pilon • Fiction • Couleur • 107 mn.

Stéréo

1970 • Scénario : Gilles Carle • Image : René Verzier • Son : Vic Merrill • Musique : L'Infonie • Montage : Yves Langlois • Direction artistique : Ann Pritchard • Production : Raymond-Marie Léger • Interprétation : Rudy Cecchini, Diane Dufresne, Steve Fiset, Yves Létourneau, Christina Maturo, Ghislaine Paradis, José Rettino, Arlette Sanders, Olivette Thibault • Fiction • Couleur • 18 mn.

Un hiver brûlant (épisode de la série La feuille d'érable)

1971 • Scénario : André-Paul Antoine, Gilles Carle • Image : René Verzier • Son : Raymond Marcoux • Musique : Gilles Vigneault • Montage : Gilles Carle • Direction artistique : Jean-Louis Colmant • Production : François Chamberland • Interprétation : René Blouin, Jean-Pierre Compain, Jean Doyon, Bernard Lalonde, Guy L'Écuyer, Danièle Naud, Donald Pilon, Guy Sanche, Joseph Sylvester • Fiction • Couleur • 57 mn.

Les chevaliers

1971 • Scénario : Gilles Carle • Image : Henri Clairon • Production : Claude Giroux • Interprétation : Yvan Chiffre et sa troupe de cascadeurs • Documentaire-fiction • Couleur • 52 mn.

La vraie nature de Bernadette

1972 • Scénario : Gilles Carle • Image : René Verzier • Son : Henri Blondeau • Musique : Pierre F. Brault • Montage : Gilles Carle • Production : Pierre Lamy • Interprétation : Maurice Beaupré, Reynald Bouchard, Willie Lamothe, Micheline Lanctôt, Donald Pilon, Robert Rivard • Fiction • Couleur • 96 mn.

Les corps célestes

1973 • Scénario : Gilles Carle, Arthur Lamothe • Image : Jean-Claude Labrecque • Son : Henri Blondeau • Musique : Philippe Sarde • Montage : Renée Lichtig • Direction artistique : Jocelyn Joly • Production : Pierre Lamy • Interprétation : Yvon Barrette, Jacques Dufilho, Sheila Charlesworth, Micheline Lanctôt, Carole Laure, Donald Pilon • Fiction • Couleur • 104 mn.

La mort d'un bûcheron

1973 • Scénario : Gilles Carle, Arthur Lamothe • Image : René Verzier • Son : Henri Blondeau • Musique : Willie Lamothe • Montage : Gilles Carle • Direction artistique : Jocelyn Joly • Production : Pierre Lamy • Interprétation : Denise Filiatrault, Pauline Julien, Willie Lamothe, Carole Laure, Donald Pilon, Marcel Sabourin • Fiction • Couleur • 114 mn.

Les chevaux ont-ils des ailes ?

1975 • Image : Roger Moride, François Protat • Son : Henri Blondeau, Réal-Serge Leblanc • Musique : Luis Enrique Bacalov • Montage : Jacques Chenail • Production : Pierre Lamy • Narration : Michel Garneau • Documentaire • Couleur • 23 mn.

La tête de Normande Ste-Onge
1975 • Scénario : Ben Barzman, Gilles Carle • Image : François Protat • Son : Henri Blondeau • Musique : Lewis Furey • Montage : Gilles Carle, Avdé Chiriaeff • Direction artistique : Jocelyn Joly • Production : Pierre Lamy • Interprétation : Reynald Bouchard, Raymond Cloutier, J.-Léo Gagnon, Renée Girard, Carmen Giroux, Gaétan Guimond, Carole Laure • Fiction • Couleur • 116 mn.

A Thousand Moons
1975 • Scénario : Mort Forer • Image : Vic Sarin • Son : Dave Brown • Musique : Michy Erbe, Maribeth Solomon, Zalman Yanofsky • Montage : Toni Trow • Direction artistique : Richard Lambert • Production : Stephen Patrick • Interprétation : Jack Anthony, James Buller, Adeline Coppaway, Amah Harris, Michael Kirby, Carole Laure, Nick Mancuso, Ronald J. Morey, Robert Silverman • Fiction • Couleur • 53 mn.

Homecoming
1976 • Scénario : B.A. Cameron • Image : Edmund Long • Son : Dick France • Montage : Martin Pepler, Ron Wisman • Direction artistique : Gordon White • Production : Anne Frank • Interprétation : Lesleh Donaldson, Don Granberg, August Schellenberg • Fiction • Couleur • 53mn.

L'ange et la femme
1977 • Scénario : Gilles Carle • Image : François Protat • Son : Henri Blondeau • Musique : Lewis Furey • Montage : Ophera Hallis • Production : Stephen J. Roth • Interprétation : Lewis Furey, Carole Laure • Fiction • Noir et blanc • 87 mn.

L'âge de la machinne
1978 • Scénario : Gilles Carle, Jacques Bobet • Image : Pierre Letarte • Son : Serge Beauchemin • Musique : Gabriel Arcand • Montage : Avdé Chiriaeff • Direction artistique : Jocelyn Joly • Production : Jacques Bobet • Interprétation : Gabriel Arcand,

Sylvie Lachance, Willie Lamothe, Jean Mathieu, Jean-Pierre Saulnier, Guy Thauvette • Fiction • Couleur • 28 mn.

Fantastica
1980 • Scénario : Gilles Carle • Image : François Protat • Son : Henri Blondeau • Musique : Lewis Furey • Montage : Hugues Darmois • Direction artistique : Jocelyn Joly • Production : Guy Fournier • Interprétation : Claudine Auger, Claude Blanchard, Denise Filiatrault, Carole Laure, Guy L'Écuyer, Donald Pilon, Serge Reggiani, Gilles Renaud, Gilbert Sicotte, John Vernon • Fiction • Couleur • 110 mn.

Les Plouffe
1981 • Scénario : Gilles Carle, Roger Lemelin d'après le roman de Roger Lemelin • Image : François Protat • Son : Patrick Rousseau • Musique : Claude Denjean, Stéphane Venne • Montage : Yves Langlois • Direction artistique : William McCrow • Production : John Kemeny, Denis Héroux, Justine Héroux • Interprétation : Gabriel Arcand, Stéphane Audran, Paul Berval, Pierre Curzi, Serge Dupire, Denise Filiatrault, Émile Genest, Juliette Huot, Louise Laparé, Rémi Laurent, Anne Létourneau, Donald Pilon, Gérard Poirier • Fiction • Couleur • 227 mn.

Jouer sa vie
1982 • Coréalisation : Camille Coudari • Image : Pierre Letarte, Thomas Vamos • Son : Michel Bordeleau • Montage : Yves Leduc • Production : Hélène Verrier • Documentaire • Couleur • 80 mn.

Maria Chapdelaine
1983 • Réalisation : Gilles Carle • Scénario : Gilles Carle, Guy Fournier, d'après le roman de Louis Hémon • Image : Richard Leiterman, Pierre Mignot • Son : Patrick Rousseau • Musique : Lewis Furey • Montage : Avdé Chiriaeff • Direction artistique : Jocelyn Joly • Production : Robert Baylis, Harold Greenberg,

Murray Shostak • Interprétation : Pierre Curzi, Amulette Garneau, Yoland Guérard, Carole Laure, Donald Lautrec, Nick Mancuso, Claude Rich, Gilbert Sicotte, Guy Thauvette • Fiction • Couleur • 107 mn.

Le crime d'Ovide Plouffe

1984 • Scénario : d'après le roman de Roger Lemelin • Image : François Protat • Son : Michel Guiffan et Claude Hazanavicius • Musique : Olivier Dassault • Montage : Pierre Bernier • Direction artistique : Jocelyn Joly • Production : Justine Héroux • Interprétation : Gabriel Arcand, Jean Carmet, Gilbert Comtois, Denise Filiatrault, Juliette Huot, Yves Jacques, Anne Létourneau, Doris Lussier • Fiction • Couleur • 4 épisodes de 60 mn.

Cinéma, cinéma

1985 • Coréalisation : Werner Nold • Image : Guy Dufaux • Son : Esther Auger • Musique : François Guy • Montage : Werner Nold • Production : Roger Frappier • Interprétation : François Guy, Robert Paradis, Chloé Sainte-Marie • Documentaire • Couleur et noir et blanc • 72 mn.

Ô Picasso

1985 • Réalisation deuxième équipe : Camille Coudari • Image : Jean-Pierre Lachapelle • Son : Claude Bertrand, Alix Comte, Patrick Rousseau, Ricardo Steinberg • Musique : François Guy • Montage : Werner Nold • Production : François Dupuis, Jacques Vallée • Interprétation : Chloé Sainte-Marie • Documentaire • Couleur • 81 mn.

La guêpe

1986 • Scénario : Gilles Carle, Camille Coudari, Catherine Hermary-Vieille • Image : Guy Dufaux • Son : Patrick Rousseau • Musique : Osvaldo Montes • Montage : Michel Arcand • Direction artistique : Jocelyn Joly • Production : François Floquet • Interprétation : Claude Gauthier, Ethné Grimes, Warren Peace, Donald Pilon, Chloé Sainte-Marie, Gilbert Turp • Fiction • Couleur • 98 mn.

Vive Québec !

1988 • Image : François Brault • Son : Serge Beauchemin • Montage : Christian Marcotte, Dominique Sicotte • Production : Gilles Lenoir, Claude Sylvestre • Interprétation : Chloé Sainte-Marie • Documentaire • Couleur • 93 mn.

50 ans

1989 • Musique : François Dompierre • Montage : Suzanne Allard • Production : Éric Michel • Interprétation : Chloé Sainte-Marie • Documentaire • Couleur • 3 mn.

Le diable d'Amérique

1990 • Image : Jean-Pierre Lachapelle • Son : Richard Besse • Musique : Dr John • Montage : Christian Marcotte • Production : Yvon Provost • Narration : Marthe Turgeon, Pascal Rollin • Documentaire • Couleur • 72 mn.

Montréal off

1992 • Image : Michel Brault, Robert Vanherweghem • Son : Serge Beauchemin, Daniel Masse • Musique : Gaétan Lebœuf • Montage : Jacques Gagné • Production : Michel Brault, Claude Sylvestre • Documentaire • Couleur • 53 mn.

Miss Moscou

1991 • Scénario : Gilles Carle, Alexandre Shargorodsky, Lev Shargorodsky • Image : Pavel Korinek • Son : René Sutterlin, Michel Vergere • Musique : Jean-Piere Collet • Montage : Gabriella Conelli • Production : Claude Bicard, Justine Héroux • Interprétation : Serge Avedikian, Jean-Pierre Bagot, Michel Côté, Renée Faure, Christian Le Guillochet, Geneviève Pasquier, Frédéric Polier, Chloé Sainte-Marie, Liliane Sorval • Fiction • Couleur • 91 mn.

La postière

1992 • Réalisation : Gilles Carle • Scénario : Gilles Carle, Jean-Marie Estève • Image : René Verzier • Son : Louis Dupire • Musique : Philippe McKenzie • Montage : Christian Marcotte

Direction artistique : Ronald Fauteux • Production : Claude Gagnon, Yuri Yoshimura-Gagnon • Interprétation : Michel Barrette, Marzia Batolucci, Louise Forestier, Steve Gendron, Roger Giguère, Alain Olivier Lapointe, Jérôme Lemay, Michèle Richard, Nicolas François Rives, Chloé Sainte-Marie • Fiction • Couleur • 93 mn.

L'honneur des grandes neiges
1994 • Scénario : Gilles Carle d'après l'œuvre de James Oliver Curwood • Image : Jean-Claude Aumont • Son : Christian Evanghelou • Musique : Jean Delorme • Montage : Marie-Françoise Michel • Direction artistique : Pierre-François Buttin • Production : Christian Charret, Jacques Salles • Interprétation : Brigitte Boucher, Marc de Jonge, Xavier Deluc, Jürgen Prochnow, Yves Rénier • Fiction • Couleur • 95 mn.

Le sang du chasseur
1994 • Scénario : Gilles Carle d'après l'œuvre de James Oliver Curwood • Image : Jean-Claude Aumont • Son : Christian Evanghelou • Musique : Jean Delorme • Montage : Anny Goirand • Direction artistique : Pierre-François Buttin • Production : Christian Charret, Jacques Salles • Interprétation : Gabriel Arcand, Michael Biehn, François Éric Gendron, Glenda Stevens, Alexandra Vandernoot • Fiction • Couleur • 95 mn.

TABLE

Mise en pages : Folio infographie

Achevé d'imprimer en janvier 1995
sur les presses des Ateliers graphiques Marc Veilleux,
Cap-Saint-Ignace, Québec